POWER
파워테니스

최 대 우 지음

도서출판 보성

머리말

 교육 현장에서 지도자로서 그리고 연구자로서 테니스와 인연을 맺은 지 30여년이 지났다. 적지 않은 이 시간 속에서 세계적으로 훌륭한 테니스 선수와 지도자를 만나는 행운도 얻게 되었다. 이분들과의 만남을 통해 얻게 된 많은 정보와 전문적 지식 그리고 교육현장에서의 경험이 이 책을 쓰도록 이끌었다.
 현존하는 스포츠가 모두 그러하지만 테니스는 역동적인 움직임과 심리적 안정감을 요하는 경기이다. 또한, 경기에 필요한 많은 기술과 다양한 전술 때문에 사고력을 필요로 한다. 경기 수행에 필요한 기술 습득에 많은 시간과 인내가 요구되지만, 경기 운영의 다양성 때문에 많은 사람들이 테니스 경기에 직접 참가하거나 관전하는 매력에 빠지곤 한다.
 이 책은 테니스에 처음 입문하는 사람은 물론, 경험이 있는 유소년부터 성인에 이르기까지 테니스 경기에 필요한 기술과 지식을 습득할 수 있도록 구성되어 있다. 테니스 경기에 필요한 기본 원리에 대한 전반적인 이해를 돕기 위해 신체의 움직임과 볼의 특성을 살펴보았으며, 각각의 스트로크를 단위별로 나누어 최상의 경기력을 발휘하는데 도움이 되도록 전문 기술과 습득 방법을 체계적으로 설명하였다. 또한, 복식경기에서 전개될 수 있는 다양한 전술이 포함되어 있어 복식경기의 득점 전략을 세우는데 도움이 될 것이다.

이 책의 내용은 자신의 현재 기술을 향상시키고자 하는 사람에게 견고한 토대를 제공하는 지침서가 될 것이며, 테니스 동호인과 전문 선수를 육성하는 지도자에게는 유익한 지도서가 될 것이라 확신한다.

여기에 수록된 많은 정보와 내용을 바탕으로 선수와 지도자는 보다 혁신적이며 창의적인 생각을 해야 됨을 강조하고 싶다. 끝으로, 이 책을 출판하는데 도움을 준 보성출판사에게 고마움을 전하고자 한다.

2010. 8.
저자 최대우

차 례

제1장 테니스 경기의 기본 ─────────── 9
- 불변의 스트로크 원리 ─────────── 10
- 라켓과 볼의 특성 이해 ─────────── 13
- 역동적인 움직임 ─────────── 15
- 변화를 위한 노력 ─────────── 20

제2장 테니스 기본기술의 습득 방법 ─────────── 23
- 포핸드 ─────────── 24
- 백핸드 ─────────── 26
- 발 리 ─────────── 27
- 서 브 ─────────── 28

제3장 경기력을 위한 기본 지식 ─────────── 31
- 중심이동과 균형 ─────────── 31
- 파 워 ─────────── 33
- 준비자세 ─────────── 35
- 적절한 스탠스 ─────────── 37

제4장 포핸드 ─────────── 43
- 포핸드 스트로크 ─────────── 44
- 파워 포핸드 ─────────── 45

- 포핸드 스트로크에 필요한 중요한 자세 —————— 49

제5장 파워 백핸드 ———————————————— 67
- 파워 백핸드란 무엇인가? ——————————— 67
- 파워 백핸드 기초 ——————————————— 68
- 코트 자리잡기 ———————————————— 73
- 올바른 움직임 기술 —————————————— 73
- 파워 스트로크 ———————————————— 78

제6장 위력적인 서브를 구사하는 방법 ——————— 93
- 올바른 그립 잡기 ——————————————— 97
- 토 스 ———————————————————— 98
- 토스-히트 —————————————————— 99
- 선상에 서기 ————————————————— 100
- 히팅 준비 —————————————————— 100
- 올바른 타점 ————————————————— 102
- 반복적인 연습 ———————————————— 104

제7장 서비스 리턴의 효율적인 방법 ———————— 107
- 서브 리턴의 첫걸음 —————————————— 107
- 리턴 직전의 마음가짐 ————————————— 109
- 서버의 사고과정 이해하기 ——————————— 110
- 서브 기법을 읽는 방법 ————————————— 115
- 리턴의 자세 ————————————————— 117
- 마음 먹기 —————————————————— 122

제8장 상대를 압박하는 네트 플레이 방법 ——— 123
- 득점이 결정되는 상황 ——— 127
- 샷 조합과 전술 ——— 138

제9장 드롭 샷과 로브 길라잡이 ——— 143
- 드롭 샷 ——— 143
- 로 브 ——— 148

제10장 복식경기 정복하기 ——— 153
- 복식경기는 무엇인가? ——— 153
- 포지션별 역할 ——— 156

제11장 승리를 위한 경기 계획과 전략 ——— 169
- 계 획 ——— 169
- 전 략 ——— 174
- 위치 선정 ——— 180
- 연습 방법 ——— 198
- 포인트 획득을 위한 전술 ——— 200
- 전술적 조합 ——— 210
- 시합 준비 ——— 213

- 참고문헌 ——— 220

제1장 테니스 경기의 기본

　테니스를 접하면서 코치, 선수, 동호인들로부터 테니스의 스트로크와 그립에 대해 많은 말들을 들어왔다. 이들은 모두 각각의 스트로크에 대한 획일적인 그립을 권고하였는데, 예를 들어 포핸드 그라운드 스트로크에는 이스턴 포핸드 그립을 사용할 것 등이다. 아마도 이러한 내용은 지금도 변함이 없는 듯 하다.

　과거 테니스계에도 현재의 웨스턴 그립 또는 세미웨스턴 그립을 사용하면서 깊은 인상을 심어줬던 선수들도 있다. 그 당시 농협팀 소속으로 경기를 펼쳤던 이 선수는 연식정구에서 사용하는 그립을 테니스에 적용하여 강력한 그라운드 스트로크를 구사했던 것으로 기억이 난다. 이 선수의 웨스턴 그립은 30여년이 지난 후에야 테니스계에서 적용되고 있으니 시대를 앞선 그립임이 분명해졌다. 각각의 스트로크에 맞는 그립의 획일성, 백핸드 그라운드 스트로크의 한손타법에서 양손타법으로의 전환, 전형적인 수비중심의 포인트 전략에서 파워 및 스피드 중심의 경기전략으로의 변화는 과거 테니스에서는 찾아 볼 수 없었던 것들이다.

　필자가 처음 테니스를 접했던 그 당시에는 테니스와 관련된 지식과 정보가 매우 제한적이었다. 개인이 원하는 정보를 손쉽게 접할 수 있는 오늘날과는 비교할 수 없을 정도로 테니스 관련 분야의 정보, 기술, 지식의 접근성과 이용성이 제한되었다. 과학기술의 눈부신 발달로 인해 테니스에서도 불변으로 여겨졌던 기본 개념이 바뀌고 있다. 기본 원칙이 있다 할지라도, 개인에 따라 약간의 차이가 존재함을 인정하고 개인의 다양성과 개별성에 근거하여 적용하는 것이 중요하다.

불변의 스트로크 원리

테니스를 포함한 스포츠 경기에 참여하는 선수들은 승리라는 분명한 목표를 지니고 경기에 임한다. 이러한 목표를 이루기 위해 때로는 단순하게, 때로는 복잡하게 접근 전략을 실행한다. 상대선수의 단점과 장점을 심리적, 신체적, 정신적, 기술적 및 전략적 측면에 이르기까지 매우 복잡하게 접근하기도 하지만 자신이 좋아하는 경기방식에 초점을 두어 단순하게 경기에 임하기도 한다.

테니스에 입문하는 초보자나 어린선수를 지도할 때 복잡한 접근보다는 단순화하여 지도하면 좋은 결과를 만들 수 있다. 특히 테니스는 우리의 신체가 라켓이라는 도구를 적절하게 이용하고 동시에 상대의 가변성과 예측 불가능한 수행에 적절하게 대응해야 하는 복잡성을 지니고 있다. 따라서 단순 명료화하여 접근하는 것도 상당히 도움이 될 것이다. 테니스 경기 상황에서 상대의 신체적 및 정신적 조건을 배제한 상황에서 상대를 이기기 위한 불변의 단순한 법칙을 간략히 소개하고자 한다.

일관성의 법칙

테니스 경기에서 상대를 제압하는 전략으로 상대선수가 볼을 친 것보다 한 번 더 넘기는 것 이상으로 좋은 전략은 없을 것이다. 1980년 중반에 활동했던 대학 테니스선수 중에서 시합의 첫 번째 포인트의 목표는 랠리를 20회 하는 것으로 설정한 선수가 기억난다. 상대선수가 아무리 파워있게, 빠르게, 깊게, 각도있게, 또는 강력한 스핀의 스트로크를 구사하더라도 이를 성공적으로 되받아치는 능력이 있다면 어떤 경기든 이길 수 있을 것이다. 즉, 상대의 다양한 스트로크에 대한 일관성을 유지하는 것은 전통적 또는 현대 테니스 경기에서 매우 유효하게 적용된다. 최근에 코칭현장에서 선수들에게 주문하는 필자의 지시사항은 명료하다.

- 상대의 실수를 유인하는 파워 스트로크를 구사한다.
- 상대가 실수할 때까지 계속해서 볼을 되받아 친다.

정확성의 법칙

상대선수를 이기기 위해 우선적으로 고려해야 하는 사항은 어떠한 경우든지 계속해서 볼을 '의도적'으로 구사하는 것이다. 이는 일관성과 함께 상대 코트에 자신이 원하는 지점에 볼을 정확하게 보내는 정확성을 말하는 것이다. 이러한 정확성은 상대로 하여금 실수를 유발하거나 득점을 얻을 수 있는 최적의 공격 기회를 갖게 해준다.

다양성의 법칙

경기 중 매번 동일한 유형의 샷, 스피드, 방향, 또는 스핀을 구사하게 되면 상대선수에게 경기진행 패턴을 읽혀 득점기회를 놓치게 된다. 같은 코스에 볼을 구사하더라도 스피드, 파워, 또는 스핀의 변화를 주어 상대로 하여금 적정 타구 시점(타이밍)을 유지하지 못하도록 만들어야 한다. 단조로운 경기방식에서 벗어나 다양한 경기방식을 수행하게 되면 상대를 제압할 수 있는 좋은 기회를 얻게 될 가능성은 그 만큼 더 커지게 된다.

파워의 법칙

스포츠에서 파워는 순전히 선수의 체격조건에 좌우된다고 오해하는 경우가 더러 있는 것 같다. 선수의 체격조건이 좋으면 파워를 얻을 수 있는 가능성이 많을 뿐이지 절대적인 결정요인이 되지는 않는다. 1990년대 최상급 선수로 활약했던 마르셀로 리오스는 175cm 정도의 신장이었지만, 서브나 그라운드 스트로크를 구사하는 데 있어서 엄청난 파워를 만들어 낸 선수였다. 그 당시 프로테니스선수로 활약한 선수들에 비해 단신이었지만 이 선수의 파워는 타이밍과 라켓헤드 스피드를 이용하여 얻은 것이다. 여기서 주목해야 하는 것은 파워를 발휘하는 것도 하나의 중요한 기술이며, 이러한 기술을 획득하기 위해서는 자신의 신체를 효율적으로 활용할 수 있어야 하고, 이를 위해서는 무한한 연습이 요구된다는 것을 잊지 말아야 한다.

라켓과 볼의 특성 이해

 테니스뿐만 아니라 다른 종목의 스포츠를 접하게 되면 좀 더 잘하고 싶은 욕구가 일어나고 더 나아가서는 최고가 되고 싶은 욕망이 있다. 그러나 최고가 되기 위해서는 몇 가지 요소가 뒷받침되어야 한다. 바로 노력, 헌신, 열정이다. 이러한 요소는 스포츠에서의 성공을 좌우하는 중요한 결정요소가 되기도 한다. 최고의 테니스선수가 되고자 하는 사람도 같은 맥락에서 접근할 수 있다. 상대선수를 이기기 위해 한 번 더 볼을 넘겨야 한다면, 상대선수에 대한 정보를 가능한 많이 수집하고 분석하여 대응해야 된다. 이렇게 하면 상대선수를 성공적으로 제압할 수 있다. 이때 요구되는 것이 자신의 노력, 헌신, 열정인 것이다.

 테니스 초보자에서 상급자에 이르기까지 테니스에 관한 이해 과정이 필요하다. 예를 들어, 볼이 어떻게 바운드되는지, 볼이 라켓에 접촉할 때 어떻게 느껴지는지 등의 볼과 라켓의 특성을 이해하는 노력이 필요하다.

- 볼의 성질을 파악하는 것
- 볼을 향해 어떻게 움직여야 하는지를 아는 것
- 라켓과 몸의 적정 거리를 확보하는 것

 이러한 사항을 이해하는 것은 초보자에게도 중요하지만 숙련된 선수들에게 있어서도 절대적으로 필요하다. 초보자들은 샷의 구성보다는 볼과의 접촉에 집중해야 되지만, 숙련자들은 훌륭한 선수들을

관찰하여 그들이 어떤 플레이를 하는지에 대한 이해가 필요하다. 즉, 볼을 치기 전, 볼의 바운드, 볼의 진행 방향, 전후좌우로의 발의 움직임에 대한 이해가 중요하다.

테니스에 대한 기본적인 요소를 이해하게 되면, 경기를 효율적으로 확장시킬 수 있는 연습이나 훈련에 들어갈 수 있다. 가장 중요한 것은 테니스 코트에서 볼에 대한 이해가 우선적으로 이루어져야 하는데 이것이 바로 테니스의 기본 요소이다.

볼에 대한 테니스 선수들의 반응을 살펴보면 재미있다. 초급수준의 선수들은 상대선수의 볼이 네트를 넘어와 지면에 닿은 직후에서야 볼에 반응하는 경향이 있다. 중급수준의 선수들은 상대선수의 볼이 네트를 넘어오면 그때 볼에 반응을 보인다. 숙련된 선수들은 상대의 라켓에서 볼이 떠날 때 볼에 반응한다. 그러나 최상급의 선수들은 라켓면, 접촉의 정도, 그리고 상대의 신체 위치를 토대로 어떠한 종류의 볼이 네트를 넘어올 것이며, 어디로 갈 것인지를 정확하게 예측할 수 있다. 많은 선수들이 상대선수의 볼을 미리 포착하기 위한 단서를 갖게 되는데 이것을 정리하면 다음과 같다.

- 상대의 위치, 자세, 그리고 준비상태를 관찰한다.
- 라켓의 각도를 주목한다.
- 스윙이 낮은 데서 높은 데로, 높은 데서 낮은 데로 진행되는지를 주목한다.
- 스윙 스피드를 주목한다.

상대 서브를 예상하기 위한 몇 가지 단서가 있다. 토스의 높이, 토스 방향, 발의 움직임, 힙과 어깨의 회전 정도 등을 통해 상대 서브를 미리 포착할 수 있다. 상대선수의 위력적인 서브를 성공적으로 리턴하기 위한 단서를 이용하는 것은 야구에서 타자가 투수에 대해 체계적인 연구를 하는 것과 비슷하다. 타자는 투수가 어떠한 종류의 볼을 던지게 될 것인지를 파악하기 위해 투수의 투구 동작을 녹화하고, 각각의 투구에 대한 차이점을 분석하듯이 테니스에서도 상대선수의 서브 특성을 분석하여 대응하는 이해 과정을 거친다.

훌륭한 선수가 되기 위한 과정의 하나로 이해하는 측면에서 다음과 같은 사항에 관심을 갖는 것도 중요하다.

- 상대로부터 어떤 종류의 볼을 받게 될 것인지, 그리고 그 볼을 받는 곳이 어디인지를 알아야만 한다.
- 상대선수는 주로 어느 지점에서 샷을 구사하는지, 경기 패턴은 어떠한지를 알아야 한다.

역동적인 움직임

테니스를 전문적으로 수행하는 선수뿐만 아니라 여가활동으로 참여하는 동호인들도 보다 강력하면서도 정밀한 샷을 구사하길 원한다. 게임 상황에서 상대선수를 압도할 수 있는 파워, 정확성, 공간의 장악력은 테니스를 접하는 모든 사람이 소유하고 싶어 하는 능력인데, 이러한 능력들의 기본은 움직임의 역동성에서 시작

된다. 역동적 움직임은 스피드, 풋워크, 준비자세, 리커버리 등과 연관성이 있다.

스피드

'테니스에서 스피드가 중요한 요소가 되는가?'라는 의문을 가질 수도 있다. 축구장 규모의 공간은 아니지만 테니스도 일정 공간을 이용해서 운동을 수행하기 때문에 스피드를 확보하는 것은 기본이다. 테니스계에서 스피드하면 마이클 창 선수가 떠오른다. 중국계 미국인으로 1987년 프랑스오픈 챔피언이 되었던 선수로 뛰어난 스피드와 민첩성을 지니고 있다. 마치 지금의 나달 선수처럼 이 선수는 상대의 모든 볼을 되받아 치는 것 같다.

'코트에서의 스피드는 움직임의 원동력이기 때문에 상대선수가 어떠한 샷을 하든지 그 샷을 잡을 수 있다는 믿음을 갖는 것이 중요하다'고 마이클 창은 말한다. 이 말에 전적으로 공감한다. 시간적으로 받아 넘길 수 없는 볼이라고 생각되는데 그 볼을 받아 넘기는 선수들을 볼 수 있다. 그런 선수들의 특징은 신속한 움직임으로 설명할 수 있다. 볼에 다가가기 위해 재빨리 움직이고 최선을 다하려고 애쓴다면 코트에서의 움직임은 빨라질 것이다.

선수들은 코트에서의 스피드 향상을 위해 줄넘기, 풋워크 훈련, 신속한 반응력 훈련, 전력질주, 그리고 인터벌 트레이닝 등을 실시한다. 코트에서의 동작 수행이 물 흐르듯 흔들림 없이 부드럽게 이루어져야 한다. 볼이 움직일 때 라켓 준비 자세를 빠르게 시작하고, 첫 스텝을 빠르게 하며, 신속한 동작으로 반응을 취하게 된다. 이때 무엇보다도 상대의 볼을 잡을 수 있다는 믿음이 뒷받침되어야 한다.

풋워크

　풋워크는 스트로크를 하기 위한 기본이 된다. 적절한 풋워크가 없으면 볼과 자신(신체)의 적절한 거리를 유지하는데 실패하여 자신이 원하는 샷을 구사하지 못하게 된다. 볼과의 거리가 너무 가까이 있게 되면 균형을 잡지 못할 것이고, 이로 인해 강력한 샷이 만들어질 수 없게 된다. 그래서 올바른 위치를 확보하는데 중요한 것이 풋워크이다.

　역동적인 풋워크는 자신의 타구 방향이나 종류 등의 선택권을 확보할 수 있어 상대선수를 제압할 수 있는 득점기회를 제공해 준다. 가능한 한 역동적이고 강력한 풋워크를 수행할 수 있도록 훈련을 정기적으로 실시해야 한다.

라켓의 준비자세

　준비자세가 빠르면 발이 원하는 타구자세를 잡을 수 있는 충분한 시간을 확보하게 된다. 반대로 준비자세가 늦으면 타구 시점(타이밍)이 늦어져 스트로크를 서두르게 되며 부정확한 자세를 취하게 된다.
　준비자세에서 라켓헤드(끝부분)가 네트를 향하는 대신에 측면을 가리키고 있으면 발도 측면으로 쏠려 파워가 분산된다. 라켓을 스트레이트로 백스윙하든 곡선으로 백스윙을 하든 오픈스텐스에 의한 준비동작과 함께 라켓의 준비자세를 취하는 것이 좋다.

리커버리

　볼을 타구하고 나면 그 다음에 해야 되는 것이 제자리로 돌아오는 것이다. 제자리로 돌아와야 상대의 다음 샷에 적절히 대응할 수 있기 때문이다. 그래서 리커버리가 강조되는 것을 자주 목격하게 된다.

볼을 치고 난 직후 한 두 스텝의 움직임이 중요하다. 이때 이루어지는 움직임의 신속성이 리커버리 동작을 좌우하게 된다. 지금은 테니스 해설자로 활약을 하지만 한때 남자테니스계의 왕자로 등극했던 존 맥캔로가 테니스 해설자로서 언급하는 것을 들은 적이 있다. 안드레 애거시, 마이클 창, 짐 쿠리어, 비너스 윌리엄스의 움직임 동작들을 보면 볼을 친 마지막 동작에서부터 제자리로 돌아가기 위한 동작이 빠르게 진행된다고 한다. 그만큼 신속하면서도 폭발적인 제자리로의 전환 움직임을 강조하는 것임을 알 수 있다.

자신의 강력한 타구가 상대선수에게 결정적인 샷이 되어 리턴이 불가능할 수도 있지만, 대부분의 볼은 다시 자신에게 되돌아온다. 단순하게 코트의 중앙으로 돌아오는 것 말고, 다음 볼이 어디로 오는지를 파악하면서 리커버리 하는 것은 매우 중요하다. 최상급의 선수들은 이 기술을 사용하고 있다는 점에서 리커버리 동작을 역동적으로 수행하는 것이 필요하다.

움직임

테니스 경기에서 움직임은 득점기회를 잡기 위한 노력과정이다. 움직임은 준비자세, 볼을 향한 첫 번째 스텝, 잔발(어저스트먼트 스텝 - 볼을 타구하기 전 볼과 신체와의 적정 거리를 확보하기 위한 잔발의 움직임), 첫 번째 리커버리 스텝, 셔플 스텝, 스플릿 스텝 등으로 구분되기도 하며, 스피드, 밸런스, 그리고 파워 등이 움직임을 위한 주요 요소이다.

- **준비자세** - 집중하되, 편안하면서도 지속적인 움직임. 볼에 다가가는 첫 번째 스텝의 효과를 높이는 균형감 있는 자세 유지
- **볼에 다가가는 첫 번째 스텝** - 볼에 다가가기 위해 볼의 방향으로 신속성, 역동성, 균형감 있는 스텝
- **잔발(어드져스트먼트 스텝)** - 강력한 볼을 치는 지점(hitting point)에 도달하기 위해 순간적으로 수행하는 잔발의 움직임
- **리커버리** - 코트 중앙으로 신속히 되돌아오기 위한 첫 스텝을 스윙의 일부와 병행하는 움직임

볼을 신속히 포착하는 것과 함께 발의 움직임을 배워야 한다. 스포츠 수행에 필요한 운동기능을 선천적으로 타고났다 하더라도 최고 선수가 되기 위해서는 상대선수의 볼을 신속히 파악하는 능력과 그에 따른 움직임을 반복 훈련 과정을 통해 연마해야 한다.

코트에서의 움직임을 생각해 볼 때 추진력 또한 중요하다. 불필요한 동작 없이 신속히 볼을 차지하게 만드는 것이 추진력이다. 볼에 신속히 다가가서 볼을 타구한 직후 재빨리 제자리로 돌아와야 한다. 이러한 동작이 진행되는 동안 균형을 잃지 말아야 한다. 이때 추진력이 중요한 역할을 수행한다. 이 과정을 세분화하면 움직이기, 안정된 자세잡기, 볼 타구, 그리고 제자리 돌아오기이다. 스피드, 힘, 그리고 볼에 대한 예측력은 훈련을 통해서 얻을 수 있다. 상대선수의 라켓이 움직이기 시작할 때 미리 볼을 보게 된다면, 움직임도 향상되어 경기력에 도움이 될 것이다.

> ♣ **불변의 포인트 획득 방법**
>
> - 아웃되지 않게
> - 목표 지점으로 타구
> - 길게
> - 변화(스핀, 방향, 스피드, 각도, 길이)

변화를 위한 노력

 인간의 생활에서 변화는 핵심 주제가 된다. 마지못해 변화를 추구하는 사람이 있는 반면에, 능동적으로 변화를 이루는 사람이 있고, 어떤 이는 변화와 맞서 싸우기조차 한다. 변화를 적극적으로 수용하기는 그리 쉬운 게 아니다. 많은 사람들이 현재의 상태를 편안하게 받아들이는 반면에 변화는 예측불가능하고 불안하기 때문에 두려움의 대상으로 여기고 있다.
 테니스의 경우도 마찬가지다. 기존의 스윙에서 변화를 주는 스윙 동작이나 그립의 변화에 대해서도 불편함을 느끼는 경우가 많다. 수 년 동안 자신의 기량을 유지시켜왔던 것을 변화를 통해서 잃게 된다는 두려움을 가질 수 있다. 왜냐하면 이러한 변화가 보다 나은 긍정적인 방향에 도달할 것이라는 확신이 들지 않기 때문이다. 그러나 중요한 것은 변화는 이루고자 하는 선명한 목적과 의지에 달려있다는 것이다. 변화의 필요성을 인식하고, 변화에 따른 어려움과 불편함을 감수하며, 이를 기꺼이 수용하게 되면 큰 가치를 얻게 될 것이다.

코치가 스포츠 현장에서 변화를 유도하는 방법으로 많이 적용하는 것이 미시적 접근법이다. 변화를 주는데 있어 변화가 있다는 것조차도 모를 정도로 아주 작은 변화를 가지고 접근하는 것이다. 작지만 점진적인 변화를 만들어냄으로써 변화를 크게 생각하거나 불편하게 여기는 것을 막을 수 있다. 특히, 이 과정에서 주의해야 되는 것이 이 변화가 게임에 어떠한 영향을 미치게 될 것인지, 어떤 일이 있어날 것인지 등에 대해서 사전에 충분한 논의가 있어야 한다.

예를 들어 웨스턴 그립에서 이스턴 그립으로 바꿀 때 어떤 변화가 일어나는 지를 생각해 봅시다.

- 파워가 손실될 수 있다. 웨스턴그립에 의한 라켓면을 신속히 닫아 많은 스핀을 제공하지만 파워의 느낌을 얻지 못한다.
- 새로운 그립은 라켓면을 적절히 닫을 수 없어 볼이 높이 뜨게 되는 경향이 있다. 파워의 문제, 라켓 스피드, 접촉면, 스핀 등이 약해 모든 종류의 타구에 영향을 끼치게 된다.
- 손에 물집이 생긴다.
- 이 과정은 시간이 오래 걸리게 되며 이로 인해 자신감을 잃게 되어 심리적인 고통을 겪게 된다.

웨스턴 그립에서 이스턴 그립으로의 변화 과정 중에 경험하게 될 이러한 변화 요소들을 사전에 충분히 설명하고, 변화의 과정 속에서 누구나 필연적으로 경험하게 됨을 이해시켜야 한다. 피트 샘프라스와 관련해서 재미있는 이야기가 있다. 샘프라스가 14살 때까지 양손 백핸드를 구사했는데 그의 재능을 더욱 확장하기 위해서는 한 손 백핸드로의 전환이 필요하다는 분석이 이루어졌다. 샘프라스의 경우 양 손 백핸드에서 한 손 백핸드로 전환하여 자신의 랭킹을 되찾기 까지 2년의 시간이 소요되었다. 변화의 과정은 그 만큼 노고가 요구되지만 그에 상응하는 가치를 제공하니 긍정적인 태도와 인내심을 가져야 한다.

제2장 테니스 기본기술의 습득 방법

현대 테니스의 묘미는 과거 테니스 경기에서 찾아볼 수 없는 선수들의 역동성이라 할 수 있다. 선수들이 코트위에서 강력한 서브와 그라운드 스트로크를 구사하고, 이러한 샷을 역동적인 동작으로 되받아 치는 장면은 과히 환상적이라 할 수 있다. 강력한 스트로크와 많은 각을 얻을 수 있는 샷의 개발은 향상된 체력과 체격 그리고 과학기술에 의한 테니스 장비의 발달에 의해 이루어졌다.

이러한 변화는 선수로 하여금 스피드, 반응력, 민첩성, 파워 등의 역동성을 발휘하게 만든다. 앞으로 이러한 현상은 더욱 더 가속화 될 수 있기 때문에 선수들은 파워와 스피드에 역동적으로 대응할 수 있는 간결하면서도 파워 있는 동작을 수행해야 한다. 파워가 손실되지 않으면서도 간결성을 유지하는 동작을 컴팩트 스윙으로 묘사하는데, 이러한 동작을 주장한 전문가의 한사람이 닉 볼리티에리 이다.

그의 말에 따르면, '골프, 야구, 테니스와 같은 스포츠의 경우 클럽, 배트, 라켓이 선수들로부터 멀어질수록 제어하기가 더 어렵다' 는 것이다. 실제로 테니스 동작에서 회전 동작이나 백스윙이 너무 크게 이루어지는 경우와 스트레이트 형태의 백스윙이 너무 뒤로 가는 경우가 있다. 이런 경우 라켓헤드가 몸에서 너무 멀리 멀어지는 동작을 수행하게 된다. 이러한 동작은 균형이 무너져 안정성을 저해하게 만든다. 즉, 백스윙 동작이 크면 볼과 신체와의 거리가 자연스럽게 멀어진 상태가 된다. 이 상황에서 볼을 가격할 경우 팔이 볼을 향해 쭉 뻗게 되는 스트레이트한 국면에 이르게 된다. 이렇게 되면 라켓헤드의 제어력을 잃어 범실이 나올 가능성이 그 만큼 커지게 된다.

현대 테니스의 특징인 컴팩트 스윙을 위해 볼과 신체와의 적정 거리 유지가 절대적으로 필요하다. 이를 위해 발의 움직임을 빠르게 하고, 스윙 동작을 간결하면서도 파워를 발생하도록 만들어야 한다.

포핸드

우리는 테니스를 전문적으로 하기 위해 입문하는 어린선수나 여가생활의 수단으로 입문하는 사람이 포핸드 그라운드 스트로크 동작을 구간으로 나누어 수행하는 것을 종종 목격하게 된다. 이들의 동작은 일정한 패턴을 지니게 된다. 준비동작, 백스윙, 전방으로의 왼발 내디딤(오른손잡이), 힙과 어깨의 턴, 임팩트, 팔로우스루, 그리고 피니쉬 과정이다. 테니스를 처음 접하는 입문자에게 동작 수행의 이해를 도모하기 위해 구간(단계)별로 나누어 동작을 익히도록 하는 것도 하나의 지도 방법이 될 수 있으나 컴팩트 스윙을 위해서 불필요한 동작은 제거할 필요가 있다. 즉, 라켓의 백스윙과 힙과 어깨 턴을 한 동작 구간으로 이해시키는 것이다. 준비 자세에서 상체를 턴해주면 라켓은 자연스럽게 뒤로 빼는 동작이 나오기 때문에 간결한 스윙에 도움이 될 것이다. 컴팩트 스윙을 수행하는 선수들이 있는데 대표적으로 비너스의 동작을 유심히 살펴보면 어깨 회전에 의한 백스윙 동작을 볼 수 있으며, 이로 인해 그 어느 누구보다도 라켓의 백스윙이 빠른 것을 볼 수 있다.

> • 라켓의 백스윙, 힙과 어깨 턴을 한 동작으로

포핸드 스윙을 좀 더 컴팩트하게 만들려면 무엇보다도 상대의 볼을 보다 신속히 봐야 한다. 상대선수가 타구한 볼에 즉각적으로 반응해야 하는데 일반적으로 많은 사람들은 상대의 볼이 네트를 넘어와 바운드되거나 되기 직전에 스윙을 하게 된다. 상대선수의 볼에 늦게 반응하면 컴팩트 스윙을 못하게 된다. 상대선수의 볼이 라켓을 떠나자마자 최대한 신속히 반응해야 한다.

현대 테니스의 컴팩트 스윙을 위해 단순한 스윙을 구사하는 것이 절대적으로 필요하다. 또한, 백스윙 시에 엘보우와 라켓을 몸에 가까이 유지시켜야 한다. 이런 동작 구성 요소를 갖추어 스윙을 하게 되면 어느 상황에서든지 상대선수의 볼에 대한 제어력을 유지하여 득점기회를 가질 수 있는 컴팩트 스윙을 구사할 수 있다.

> • 상대선수의 볼이 라켓에서 떠나자마자 반응하는 백스윙

백핸드

백핸드 그라운드 스트로크를 한 손을 사용하든 아니면 양 손을 사용하든 어깨의 완벽한 턴에 의한 백스윙을 해주어야 한다. 우리는 이런 동작을 풀턴 백스윙으로 말하곤 한다. 테니스 경기에서 완벽한 턴(힙과 어깨)에 의한 백스윙으로 강력한 스트로크를 구사하는 선수가 있는데 대표적으로 안드레 애거시와 비너스 윌리엄스의 양 손 백핸드이다. 이들의 양 손 백핸드를 관찰해 보면, 라켓은 캐논처럼 볼을 반사시킨다. 한 손 백핸드를 사용하는 샘프라스와 페더러의 경우도 힙과 어깨를 돌림과 동시에 라켓을 백스윙하여 강력한 백핸드 스트로크를 구사하는 것을 볼 수 있다. 간결한 백스윙을 이루고 나서 다가오는 볼에 대해 네트를 향해 앞으로 스윙을 해주면 백핸드 그라운드 스트로크의 동작은 종료된다.

- 힙과 어깨의 완벽한 턴에 의한 백스윙 - 풀턴 백스윙

포핸드 그라운드 스트로크에서 언급한 것처럼 강력하면서도 안정된 스트로크를 구사하기 위해서는 간결한 동작과 견고한 자세를 확보하는 것이 필요하다. 다시 한 번 강조하자면 힙과 어깨의 완벽한 턴에 의한 백스윙을 수행하고, 네트를 향한 포워드 스윙을 해주면 강력한 샷의 기본이 이루어지게 된다.

백핸드 스트로크의 타이밍이 일반적으로 늦어지는 경향이 있는데, 이를 극복하기 위해 백핸드에서 하프 백스윙을 하는 경향이 있다.

하지만, 하프 백스윙에 이은 포워드 스윙은 볼과 라켓의 접촉 시간을 충분히 제공하지 못하여 상대의 볼 회전과 파워를 제어하지 못해 범실을 발생시킬 가능성이 커지게 된다.

발 리

네트 플레이의 하나인 발리는 상대선수와의 거리가 베이스라인 플레이 상황보다 짧기 때문에 준비자세가 더욱 중요하다. 발리를 위한 기본기는 '준비자세'라고 단언할 수 있을 정도로 그 만큼 중요하다. 이때의 준비자세는 왼쪽, 오른쪽, 또는 로빙에 대한 폭발적인 반응을 위한 최적의 준비자세가 요구된다. 발리를 위한 최적의 준비자세로는 앞쪽에 무게중심이 약간 가 있고(무릎을 구부린 상태에서 발 뒷꿈치를 지면으로부터 든다), 라켓이 어떤 방향이든지 신속히 움직일 수 있게 몸 앞에 나와 있어야 한다. 이런 자세는 볼을 치기 위한 균형 잡힌 준비자세가 된다.

> • 발리의 기본은 준비 자세

폭발적인 준비자세에서 상대선수의 볼이 날아오면 볼을 향해 발을 내 딛으면서 몸 앞에서 볼을 친다. 많은 선수들이 이와 같은 단순한 동작으로 발리를 성공적으로 수행하는 것을 볼 수 있다. 또한, 상대선수의 타구 종류에 따라 발리 스윙 동작이 달라야 한다. 상대

선수의 볼이 파워가 있으면 스윙을 짧게 수행하고, 볼이 느슨하게 날아오면 스윙을 좀 더 크게 해야 성공적인 발리를 할 수 있다. 간단한 준비동작으로 성공적인 발리를 경험하면 네트 플레이의 묘미에 빠져들 수 있다.

테니스계에서도 그 동안 수많은 스타가 배출되었지만 그 중에서 네트 플레이가 뛰어난 선수는 스테판 에드버그(스웨덴 출신으로 1985년 호주오픈 우승 당시 19세)다. 이 선수의 네트 플레이가 뛰어난 이유는 기본기와 균형감이 좋았기 때문이다. 네트에서 좋은 위치를 확보하고, 어떤 상황에서든지 신체의 균형을 잘 유지하는 것을 볼 수 있다. 즉, 볼을 칠 때 팔을 쭉 뻗거나, 아래로 떨어뜨리는 동작을 하지 않으며, 짧은 스윙 동작을 이룬다. 이와 같은 동작으로 라켓 헤드를 제어하여 볼에 약간의 변화구를 만들어 내기도 한다.

서 브

서브는 기본적인 스트로크의 하나이고 경기 중 결정적인 상황에서 중요한 역할을 수행한다. 훌륭한 서브를 구사하는 선수로는 존 맥캔로, 피트 샘프라스, 보리스 베커, 앤디 로딕, 로저 페더러 등 많은 선수들이 있다. 이들의 서브 동작을 분류하면 일정한 패턴을 형성하는 획일적인 서브 동작을 수행하지 않는다. 어떤 선수는 라켓과 토스하는 손이 준비 위치에서 아래로 내려갔다가 다시 올라가는 동작을 취한다.

서브에 문제가 있다고 생각되면 서브동작을 좀 더 단순하게 만든다. 프로테니스 선수들 중에서 서브 동작을 매우 간결하게 구사하는 선수도 있다. 패트릭 라프터와 마르셀로 리오스 같은 선수들은 서브 백스윙시 라켓헤드가 밑으로 하강하는 동작을 수행하지 않고 어깨 위를 넘어가는 짧은 동작으로 서브 동작을 시작한다. 토스, 스윙의 타이밍, 토스의 일관성에 문제가 있다면 서브 동작을 단순하게 또는 간소화하는 동작으로 좋은 결과를 경험할 수 있다.

자신의 서브가 정확성 및 재현성은 보장되는데 충분한 파워를 발생시키지 못하는 문제가 있다면, 간단한 어깨 회전을 통해 파워를 얻을 수 있다. 동호인들 중에서 강력한 서브를 구사하기 위해 허리를 과도하게 사용하는 경우를 종종 목격하게 된다. 자신의 허리를 이용하는 것도 하나의 방법이 될 수 있지만, 허리보다는 어깨 회전을 이용하는 동작이 훨씬 수월할 것이다. 정형화된 동작에 약간의 변화가 가미되면, 본인이 경험하지 못한 놀라운 차이를 맛볼 수 있다.

제3장 경기력을 위한 기본 지식

 테니스 경기에 필요한 기술을 습득할 때 준비자세, 볼 히팅(임팩트), 팔로우스루 등의 일련의 단계로 나누어 접근하는데 이러한 일련의 동작이 기본이라고 인식하는 사람도 있을 것 같다. 준비자세나 팔로스로 등과 같은 동작이 튼튼한 기본 지식에 근거하지 않는다면 좋은 결과는 만들어지지 않는다. 신속히 반응할 기회를 갖고 샷을 구사할 때도 균형을 유지하는 것이 테니스의 기본이 될 수 있다. 경기력을 위한 기본지식으로 자세와 관련된 몇 가지 개념을 숙지하면 경기력 향상에 크게 도움이 될 것이다.

중심이동과 균형

 자신의 경기력을 향상시키기 위해 무게 중심을 제어하는 것이 중요하다. 단신이지만 훌륭한 성적을 냈던 마이클 창, 마르티나 힝기스, 슈테피 그라프, 그리고 나달 등과 같은 선수들은 뛰어난 움직임의 기술을 지니고 있다. 이들은 어떻게 해서 뛰어난 움직임의 기술을 소유할 수 있을까? 움직임이 뛰어난 선수들은 무게 중심을 제어하는 능력이 탁월했기 때문이다. 무게 중심을 제어하는 몇 가지 주요 개념이 있는데 이에 대한 이해가 우선적으로 필요하다.

무게중심

테니스에서 무게 중심은 일반적으로 몸속에 항상 존재하는 지속적인 균형점이다. 키, 체형, 성별, 자세 등의 요인이 질량점(무게중심)에 영향을 준다. 무게중심은 움직임을 갖고자 할 때 몸의 내부에서 방향(전후, 좌우, 상하의 공간상에서)을 바꿔야 하는 균형점이다. 사람이 움직이지 않고 똑바로 서 있으면, 무게중심은 변하지 않는다. 사람이 움직이기 시작하면 몸 안에서 무게 중심이 변하여 움직임이 시작된다. 즉, 무게중심을 변화시킴으로써 운동이 시작되기 때문에 테니스와 같은 스포츠에서는 준비동작에서 무게중심을 어느 정도 무너뜨리기 위한 자세가 운동 수행에 도움이 된다.

균 형

중립적인 평형상태를 유지하면서 지지기반이 지속되고 있을 때(기저면 안에 중심이 위치하고 있을 때) 균형을 잡았다고 이야기 한다. 일반적으로 테니스에서 지지기반이 지속되며, 한편으로 무게중심을 빠르게 무너뜨려야 할 때는 스플릿 스텝을 밟을 때다. 스플릿 스텝은 선수가 베이스라인에서 양 발에 무게 중심을 동일하게 배분하기 위해 행하는 일종의 균형잡기 동작이다.

스플릿 스텝은 포핸드 아니면 백핸드에 적절하게 반응하게 해주고, 나아가 전후 또는 상하 어느 방향이든지 신속한 움직임을 갖게 해준다.

관성 모멘텀

테니스는 경기 중에 직선운동이나 회전운동이 일어날 수밖에 없는데 때로는 이러한 운동이 과도하게 일어나 자세가 흐트러진다. 일반적으로 회전 운동과 관련된 관성 모멘텀을 효율적으로 이용하기 위해서는 지지기반 안에서 무게 중심을 낮추는 것이 중요하다.

파 워

파워를 생성하거나 파워를 높이는 능력은 선수가 지니는 기술의 하나가 된다. 기본기술을 완전히 익힌 선수가 자신의 탄탄한 기술과 자신감으로 인해 좀 더 강력한 파워를 얻어 역동적인 경기를 펼치는 것을 본적이 있을 것이다. 선수마다 개별성과 다양성이 존재하지만, 신체조건에 적합한 훈련으로 파워를 높일 수도 있다. 많은 사람들이 팔의 힘과 스피드에 의존해 많은 파워를 얻을 수 있다고 생각한다. 하지만 정확한 무게중심의 이동과 어깨, 엉덩이, 다리의 회전을 포함한 효율적인 움직임이 파워와 직결돼 있다. 또 적절한 스윙 궤적을 통해 라켓의 역학적 에너지를 높이고, 상대선수의 파워를 적절하게 이용하는 것도 파워를 확보할 수 있는 하나의 방법이다.

테니스가 더 강하고 빠르게 역동적인 게임으로 진행되고 있다. 1980년대 이전의 테니스 경기와 현재의 테니스 경기를 비교해 보면, 속도와 파워에서 엄청난 차이가 있음을 알 수 있다. 테니스계의 저명한 코치인 닉 볼리티에리는 '프로와 아마추어선수를 구분하는 것은 무엇인가?'라는 물음에 '중요한 차이점은 파워를 생성하는 능력'이라고 답한바 있다. 프로 선수들은 어떻게 그런 강한 볼을 칠 수 있으며, 어떻게 상대의 강력한 볼을 되받아 칠 수 있을까?

이러한 물음에 대한 간단한 답은 라켓 헤드 스피드에 의해 좌우된다는 것이다. 테니스계 일부에서는 라켓 헤드 스피드에 의해 얻게 되는 엄청난 파워로 인해 경기의 묘미가 감소되니 파워를 규제하자는 주장까지 나오기도 한다. 볼 스피드와 관련된 파워는 경기력에 지대한 영향을 미치고, 이러한 파워 향상에 기여하는 요인은 바로 라켓 헤드의 스피드다. 라켓 헤드 스피드, 상대로부터 날아온 볼 스피드, 볼과 접촉하는 라켓지점은 볼 스피드를 높여주는 주요 요소다.

♣ 일반인도 라켓 헤드 스피드를 높일 수 있을까?

- 포핸드 그라운드 스트로크에서는 클로즈 스탠스보다 오픈 자세와 중립 자세에서 더 빠른 헤드 스피드를 얻을 수 있다. 또 세미 웨스턴 그립으로, 라켓면은 수직으로 세워 임팩트 직후 손목을 최대한 사용하는 것이 중요하다.
- 그립을 너무 강하게 잡거나, 억지로 파워를 만들기 위해 밀려고 하면 팔의 탄성을 이용하지 못해 파워를 잃게 된다.

준비자세

준비자세는 테니스에서 모든 움직임의 시작이다. 테니스에 입문하는 사람이든 화려한 경력을 지닌 소유자든 어떤 형태로도 준비자세는 취하게 된다. 완벽한 준비자세를 갖추는 것은 튼튼한 기본기를 성취하기 위한 첫 번째 단계이다. 훌륭한 선수들의 준비자세는 일반적인 준비자세, 스윙을 위한 셋업자세, 리커버리 자세 등의 3가지로 분류할 수 있다. 좋은 준비 자세를 유지하고 볼을 향해 쉽게 움직이는 것이 때로는 그리 간단한 일이 아니다. 상대의 볼이 약하면 여유 있는 이동과 완벽한 스윙을 할 수 있는 좋은 준비자세를 취할 수 있다. 그러나 상대가 강하게 파고드는 샷을 구사하면 준비자세는 흐트러지기 마련이다.

튼튼한 기본기를 유지하기 위해 3가지 상황에 따른 준비자세를 숙지할 필요가 있다. 3가지 준비자세의 차이점을 이해하는 것을 시작으로 튼튼한 기본기를 습득하는 것이 필요하다.

일반적인 준비자세

우리가 일반적으로 알고 있는 이 자세는 편안함과 강력함의 상징으로 움직임과 타구를 위해 필수적이다. 어느 유형의 경기에서든지 편안하고 강한 모습을 유지하는 자세는 모든 선수에게 중요하다. 아래 그림을 통해 자세를 확립하는 해법들을 터득할 수 있다.
- 베이스를 유지하는 것(양 발을 힙보다 넓게 벌려라)
- 무게중심을 낮출 것(무릎을 굽혀라)
- 팔의 힘을 뺄 것(자연스럽게 몸 쪽으로 구부려라)

[그림 3-1] 일반적인 준비자세

양 발의 간격은 힙보다 넓어야 한다. 무게중심을 낮추기 위해 양 무릎을 구부리고, 양 발을 충분히 벌려야한다. 무게중심은 발의 앞 부분에 있어야 한다. 이런 자세를 취해야 빠르고 파워 있는 첫 번째 스텝을 밟을 수 있다. 또 적당히 힘을 빼고 구부린 팔의 자세는 상대선수의 쉬운 샷뿐만 아니라 강력하고 위협적인 샷에도 신속하게 대응하게 해 준다. 무게중심을 낮게 하기 위해선 무릎을 적당히 구부려야 하는데 이는 역동적인 반응과 움직임에 필수적이다.

스윙을 위한 셋업 자세

상대의 볼에 대해 타구할 준비가 되면 역동적인 자세를 유지해야 한다. 우선 상대가 타구를 한 직후 볼이 어느 방향으로 가는지를 파악해야 한다. 전력질주를 위해 첫 스텝은 신속하고 균형감 있게 이

뛰져야 한다. 이때 상대 샷의 각을 좁히는 방향으로 볼을 쫓아가야 한다.

리커버리 동작

리커버리 동작은 준비 자세와 셋업 자세만큼이나 중요하다. 타구 직후 코트의 중앙으로 재빨리 되돌아가야 상대의 다음 샷에 적절히 대응할 수 있다. 타구 직후 코트 중앙으로 가기 위한 풋워크가 리커버리 동작이다. 이때 이루어지는 첫 한 두 스텝의 신속성과 역동성이 리커버리 동작을 좌우하게 된다.

타구 후 제자리로 돌아가는 동안 자세가 무너지지 않아야 한다. 힙과 어깨가 네트에 직각이 된 상태로 균형을 유지한다. 출발을 위해 바깥쪽 다리를 사용하는 것을 배워야 한다. 선수들의 리커버리 동작은 볼을 치는 마지막 동작이 종료되기도 전에 제 자리로 돌아가기 위한 동작이 진행된다. 신속하면서도 역동적인 리커버리 동작으로 자세의 안정감과 경기 흐름의 균형감을 확보할 수 있다.

적절한 스탠스

샷을 구사할 때 스탠스로써 뉴트럴 스탠스, 오픈 스탠스, 세미오픈 스탠스, 클로즈 스탠스 등으로 이야기 한다. 경기 중 같은 상황에서도 저마다 다른 스탠스를 사용하는 것을 볼 수 있다. 중요한 것은 어떠한 샷에서도 '자연스러운' 스탠스를 만드는 것인데, 이것은 코트에서의 위치, 상대 샷에 의한 볼의 성질, 그립, 그리고 개인의 몸 상태에 의해 영향을 받는다. 스탠스의 변화는 개인의 샷을 향상시켜 주기 때문에 자신에게 적합한 스탠스를 사용하는 것이 중요하다.

뉴트럴 스탠스

테니스를 지도하는 사람에 따라 이견이 있을 수 있으나 뉴트럴 스탠스는 모든 스탠스의 초석으로 여겨진다. 최근에 오픈 스탠스와 세미오픈 스탠스가 점점 보편화되고 있지만, 뉴트럴 스탠스를 권장하고 싶다. 왜냐하면 뉴트럴 스탠스를 통해 목표지점을 향한 중심이동 및 몸의 회전을 자연스럽게 경험할 수 있는 기회를 가질 수 있기 때문이다. 뉴트럴 스탠스를 클로즈 스탠스로 이해하는 사람도 있지만 세미오픈과 오픈 스탠스를 치는 전문 선수들 때문에 뉴트럴 스탠스가 등장하면서 명명되었다.

[그림 3-2] 뉴트럴 스탠스

일반적인 준비자세로부터 힙과 어깨를 회전시키면서, 한 발을 앞으로 내 딛고, 뒷발에 무게 중심을 이동시키면서 백스윙을 시작한다. 백스윙이 이루어진 후 전방으로 스윙을 시작하면서 앞발에 무게중심이 이동된다. 볼을 타구하는 순간까지 무게 중심은 앞발에 실려 있다. 팔로우스루와 리커버리 동안에 몸의 균형을 유지해야 한다. 이때 자연스럽게 뒷발의 뒤꿈치가 들리거나 앞으로 이동하게 되는데 이것은 다음 샷을 위해 균형을 잡고 준비하고 있다는 것을 의미한다.

뉴트럴 스탠스는 목표 지점을 향해 자신의 무게 중심을 이동시켜 주기 때문에 초중급자의 포핸드 그라운드 스트로크 외에도 한 손 또는 양 손 백핸드 그라운드 스트로크에서 선호되는 스탠스다.

- 스윙이 진행되는 동안 좋은 자세를 유지할 것
- 목표지점을 향해 무게중심을 이동시킬 것
- 뒷발을 자연스럽게 앞으로 움직이는 동시에 네트를 향해 어깨와 힙을 회전시켜 균형 잡힌 리커버리를 유지할 것

오픈 스탠스

오픈 스탠스는 뉴트럴 스탠스보다 폭넓게 지도되는 것으로 초, 중, 상급자에게 적용된다. 오픈 스탠스는 상대 공격에 대응할 준비 시간이 거의 없는 경우와 상대의 깊숙하면서도 예리한 각에 의해 라인 밖으로 벗어나게 된 경우에 반응할 수 있는 스탠스다. 최고 선수인 페더러, 나달 등과 같은 선수들이 구사하는 강력한 포핸드는 이 스탠스에서 시작된다. 많은 선수들이 세미 웨스턴과 웨스턴 그립을 사용하기 때문에, 오픈 스탠스는 더욱 일반화 될 수 있다.

[그림 3-3] 오픈 스탠스

오픈 스탠스는 일반적인 준비자세에서 힙과 어깨를 회전시키는 동시에 스트로크 하는 쪽의 발을 측면으로 내딛고, 무게중심을 이동시킴으로써 백스윙을 시작한다. 전방으로의 포워드 스윙을 진행하는 동안 무게중심을 바깥쪽다리(오른 손잡이의 경우 오른발에)로 이동시키면서 볼을 친 후에도 무게중심을 유지시키고, 팔로우스루와 리커버리 동안에 균형을 유지한다.

일반인들이 종종 범하는 오픈스탠스의 실수는 볼에 너무 가까이 붙어 치기도 전에 무게중심을 바깥쪽다리에서 안쪽다리로 옮기는 것이다. 이때는 바깥쪽 발을 안쪽으로 움직여 볼과 간격을 조정하면 된다. 순간적인 이러한 동작으로 바깥쪽 다리가 스트로크의 출발점이 되게 만들 수 있다.

♣ 팁

- 어떤 스탠스를 취해야 하는가는 그리 중요한 문제가 아니다. 자연스럽게 세미오픈과 오픈 스탠스를 사용하면서 동작이 원활히 이뤄지면 된다. 중요한 것은 다양한 샷에 대한 편안한 스탠스를 개인에 맞게 개발하는 것이다.

세미오픈 스탠스

세미오픈 스탠스는 오픈 스탠스와 뉴트럴 스탠스를 섞은 자세로 원리는 오픈 스탠스와 동일하다. 다만 상대의 공격적인에 샷에 순간적으로 대응하기 위해 뉴트럴 스탠스보다는 세미오픈 스탠스를 이용하는 경우가 있다. 준비자세에서 힙과 어깨를 회전시키고, 발을 내딛고, 바깥쪽 발로 무게중심을 이동시킴으로써 백스윙을 한다. 볼을 친후 바깥쪽 다리에 무게 중심을 둬야 하며, 팔로우스루와 리커버리 동안에 균형을 잡고 있어야 한다.

상대 샷에 대응할 수 있는 준비시간이 없고, 코트 밖으로 몰려 있을 때 세미오픈 스탠스는 이상적인 타구 자세가 된다. 파워 포핸드와 탑스핀 포핸드는 힙 바깥쪽에 무게중심을 두고 샷을 구사하도록 해주기 때문에 세미오픈 스탠스가 최적이다.

포핸드, 백핸드, 발리, 그리고 서브에 대한 리턴을 이 스탠스로 연습하는 선수가 많이 있다. 세미오픈 스탠스와 오픈 스탠스 모두가 현대의 파워게임을 연출하는데 많은 기여를 했다. 또한, 세미웨스턴과 웨스턴 포핸드 그립의 사용이 세미오픈 또는 오픈 스탠스를 만들어 냈으며, 이러한 결과물이 라켓헤드의 가속과 파워를 만들어냈다.

♣ 팁

- 뉴트럴 스탠스는 스트로크의 탄탄한 기초를 다져줄 수 있기 때문에 거의 모든 선수가 선호하는 스탠스며, 세미오픈과 오픈 스탠스는 게임을 진화시키기 때문에 더욱 일반화 되고 있다.

클로즈 스탠스

클로즈 스탠스는 과거의 스탠스에 있어서 정석으로 불렸다. 하지만 현대 테니스에서는 무게중심 이동과 몸의 턴, 제한적인 샷 구사, 더딘 리커버리 시간 등 각종 제약으로 인해 권장되지 않는 추세다.

[그림 3-4] 클로즈 스탠스

뛰면서 볼을 타구하는 상황(런닝샷)에서는 클로즈 스탠스가 권장되지만 클로즈 스탠스의 타구가 리커버리를 더디게 하고, 이러한 스탠스에 의한 스트로크 후에는 신체균형이 일시적으로 무너져 포지션을 벗어나게 된다. 고정된 자세를 잡아 포핸드와 양손 백핸드를 구사할 때는 가급적이면 클로즈 스탠스를 취하는 것을 피하도록 한다.

제4장 포 핸 드

 테니스는 지난 30여년간 엄청나게 변모해 왔다. 오늘날의 챔피언들은 더 강하고, 빠르고, 재능이 있다. 새로운 라켓들로 인해 이들은 과거의 선수들보다 더 공격적인 경기를 수행할 수 있다. 공격적인 샷의 특징 하나는 대부분 바운드가 높게 되는 것이다.

 강한 힘으로 줄기차게 볼을 칠 수 있는 능력은 몇 십 년 전의 게임과 비교해 볼 때 현대 테니스의 뚜렷한 특징이라고 할 수 있다.

 사실, 선수들은 게임을 할 때 더 많은 파워와 스피드를 얻으면서도 그에 따른 시간상의 한계를 제거하기 위한 노력으로 테니스의 모든 스트로크에 기술적인 혁명을 가져왔다. 이런 혁명은 아마 어떤 다른 것보다 포핸드 스트로크임이 확실하다.

 포핸드는 테니스에서 가장 중요한 스트로크 중의 하나이며, 기초가 된다. 현대 테니스 경기에서 베이스라인에서 주고받는 포핸드는 대부분 수준 높은 선수들이 가장 많이 이용하는 것이다. 그것은 처음부터 상대를 시간과 공간적인 범위 안에 묶고 득점을 하는데 도움을 준다. 이런 견지에서 본 장의 의도는 현대 포핸드 기술의 구체적인 특징들을 소개하고자 한다.

포핸드 스트로크

포핸드 스트로크는 선수에게 게임을 유리하게 이끄는 중요하고 결정적인 무기이다. 지금까지의 세계 챔피언, 대학 챔피언, 유망한 주니어 선수들은 그들의 가장 큰 무기로 포핸드를 가지고 있다. 조금씩 다른 방법으로 구사하는 포핸드 스트로크 이지만 모두 강력한 위력을 지니고 있기 때문에 게임에서 보다 훌륭한 수행을 할 수 있는 것이다. 이는 충분히 위력 있는 포핸드 스트로크라 할 수 있으며, 이를 파워포핸드라고 이름 붙일 수 있다.

포핸드를 익히는 기본적인 단계를 제시하면 다음과 같다.

▶ **1단계 : "가장 편안하게 볼을 친다."**

안드레 애거시가 어릴 때 그의 아버지는, "편안함이 너의 스윙을 정확하게 하고 파워를 기르는 방법이다. 지금은 정확도나 일관성에 대해서 너무 걱정하지 말아라. 편안하게 스윙을 즐기고, 크게 쳐라"라고 주문해 왔다. 이는 스윙의 첫 단계에서는 자신의 몸에 맞는 스윙을 익히는 것과 가장 자연스러운 스윙을 익히는 것에 주안점을 둔 이야기이다. 또 스윙할 때 다른 여러 가지 요인을 배제하고 스윙에만 몰두 할 수 있는 연습방법이다.

▶ **2단계 : "목표하는 곳에 볼을 보낸다."**

첫 번째 스트로크 연습이 잘 수행되었다면 다음 스트로크는 자신의 실제 환경 아래에서 기술을 단련하고 시험해 보아야 한다. 정확도와 일관성을 시험할 수 있도록 목표 지점을 사용해서 반복 훈련을 실시한다(2단계로 넘어가기 전에 1단계를 연습하는 데 수 개월이 걸릴 수도 있다는 사실을 기억해야 한다.).

▶ **3단계** : "게임 중 성공확률을 높인다."

성공을 위해서는 자신의 기술을 믿어야 한다. 절대 실수할 것을 두려워하지 말고 언제나 끝까지 팔로우스루를 하면 좋은 수행결과가 나타날 것이다.

파워 포핸드

"파워 포핸드"는 선수에게 전략적으로 중요한 결정적인 무기이다. 랠리 동안 모든 포핸드는 공격적이어야 한다. 파워 포핸드는 득점을 하거나 공격과 발리를 할 수 있는 약한 리턴이 오게 하기 전까지, 게임을 지배해야 한다. 모든 포핸드를 파워 샷으로 치는 것은 아니다. 「상대방을 항상 파워 샷의 위협에 놓아둔 상태에서 그러한 상황을 만드는 것이다.」

파워 포핸드를 완성하는 것은 빠르고 효과적인 움직임이다. 즉, 파워 포핸드를 치기 위한 상황을 만들어 나가는 것이며, 드롭샷을 사용하고 각이 큰 스트로크를 이용해서 상대방을 혼란스럽게 해야 한다.

야구에서 투수가 좋은 직구를 가지고 있다는 것은 그 직구의 사용을 늘린다기 보다 다른 구질(커브, 체인지업 등)을 구사하기 위한 일종의 위장술이 되는 것이다. 파워 포핸드를 구사하는 세계 정상급의 선수들은 이러한 기술과 파워의 조화를 이루고 있다.

그 립

 라켓을 쥐는 방법은 라켓의 재질과 스트링 기술의 발전에 따라 많은 변화가 있었다. 무거운 라켓과 탄력이 없는 스트링을 사용하였을 때는 볼을 보다 편안하게 멀리 보내기 위해 컨티넨탈 그립을 주로 사용하였고, 라켓과 스트링의 발달로 인하여 보다 강하고 많은 회전을 위한 그립이 필요하게 되었다. 때문에 세미웨스턴이나 익스트림 웨스턴 그립이 현대 테니스에서 많이 사용되고 있다. 이러한 그립의 특성에 대하여 살펴보면 다음과 같다.

- 컨티넨탈 그립 - 몇 가지 예외는 있지만, 이 그립으로 포핸드의 파워를 갖는 것은 어렵다. 스트링의 반발력을 이용하기는 용이하나 볼에 회전을 주거나 빠른 스윙 스피드를 바탕으로 하는 현대의 테니스에서는 스트로크에 사용하기가 불편하다.

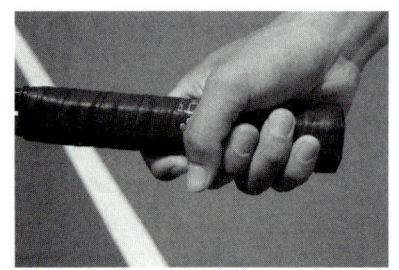
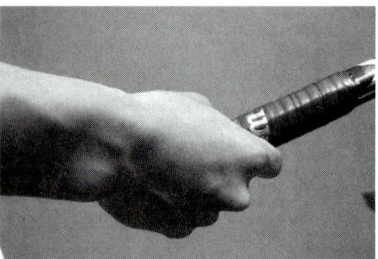

[그림 4-1] 컨티넨탈 그립   [그림 4-2] 컨티넨탈 그립

- 이스턴 그립 - 이 그립은 가장 고전적인 포핸드 그립으로, 라켓을 잡는 손의 손바닥이 그립의 옆을 잡는다. 이스턴 그립을 사용하는 선수들은 어깨와 손목을 더 많이 굽혀 수평이상이 되게 라켓을 유지한다. 임팩트 지점은 세미 웨스턴이나 웨스턴보다 몸에서 더 낮고 멀어지게 된다. 이런 그립으로는 약간의 톱스핀

이나 평평한 스윙을 하는 것이 좋다. 장점은 손목의 위치가 자연스러우며, 전완의 근육이 자연스럽게 이완된다. 하지만 이런 극단적인 그립을 사용하는 몇몇 선수들은 바운드의 높이, 파워의 부족, 그리고 스핀량의 감소에 따라 포핸드의 위력이 약화되기 때문에 클레이 코트에서 실력을 발휘하지 못할 수 있음에 주의해야 한다.

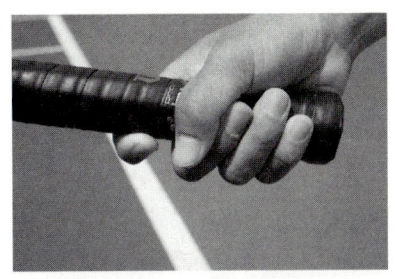 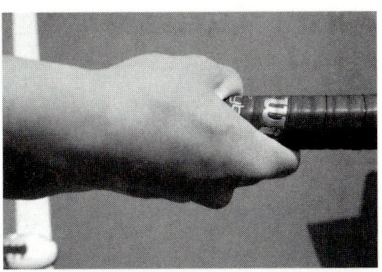

[그림 4-3] 이스턴 그립 　　　　[그림 4-4] 이스턴 그립

• **세미웨스턴 그립** - 안드레 아가시와 데이븐 포트 등의 선수들이 사용하는 가장 일반적인 포핸드 그립이다. 가장 중요한 2가지 특징은 손목을 뒤로 젖히고, 테이크백과 포워드 스윙시 라켓면을 닫는 것이다. 라켓을 잡은 손은 그립의 뒤쪽에서 볼에 많은 스핀과 강한 힘이 최대로 전달되도록 한다.

　자연스러운 스윙에서 볼의 임팩트 지점은 이스턴 그립보다 몸에 가깝고 높으며 더 앞쪽이다. 일반적으로 어깨 아래와 허리 위에 있는 볼을 잘 칠 수 있다. 스윙은 보편적으로 스텝을 세미오픈과 오픈 스탠스 상태에서 한다. 이 그립은 더 많은 톱스핀을 가할 수 있기 때문에 볼을 빨리 잡아서 튀어 오르는 볼을 치기에 좋다. 단점은 볼의 바운드가 낮거나 네트플레이할 때 어려운 점이 있다.

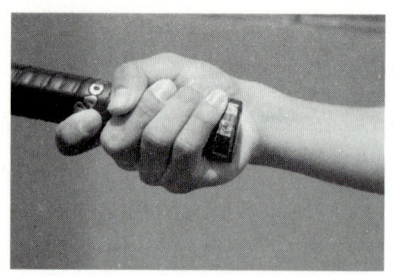 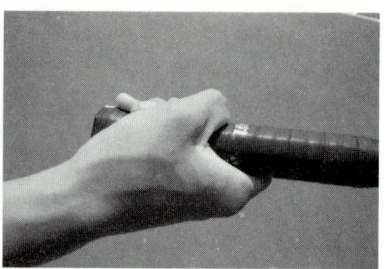

[그림 4-5] 세미웨스턴 그립   [그림 4-6] 세미웨스턴 그립

- 익스트림 웨스턴 그립 - 이 그립은 높은 볼에는 강력한 파워와 스핀을 줄 수 있지만, 낮은 볼에는 효과적이지 못하다.

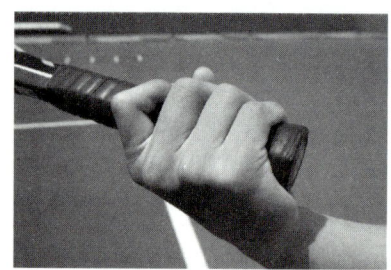 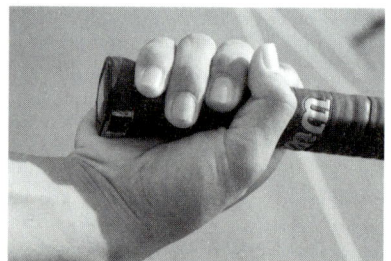

[그림 4-7] 익스트림 웨스턴 그립   [그림 4-8] 익스트림 웨스턴 그립

효과적인 포핸드를 위해서는 히팅 존에서 어떤 위치의 볼도 칠 수 있어야 한다. 일반적으로, 그립을 너무 꽉 잡으면 유연하게 대처할 수 없고, 샷 사이에는 손에 긴장을 풀고 라켓을 들어야 관절의 힘이 최종 목적지인 손목에 전달되어 그 힘을 극대화 시킬 수 있다.

기본 그립을 한 가지 익히고, 그 그립으로 포핸드를 연습해야 한다. 몸에 익숙해지고 확실해지기 위해서는 많은 연습이 필요하다.

포핸드 스트로크에 필요한 중요한 자세

세계적인 선수들이 포핸드 스트로크를 할 때 갖는 공통적인 특징이 있다.
- 좋은 허리 자세 (곧은 등)
- 낮은 무게중심 (엉덩이 위치)
- 몸을 지탱하는 탄탄한 기초 (스탠스)

위와 같은 자세와 기초가 잡힌 선수들은 다음의 기술들의 습득해야 한다.

준비자세

좋은 준비 자세의 습관은 자신에게 더 많은 이점을 제공한다. 더 공격적인 샷을 구사할 수 있고, 바운드가 나쁜 볼도 칠 수 있으며, 샷을 속이는 것 등이 가능하다. 여기에서 가장 강조하는 것이 바로 빠른 준비의 중요성이다. 준비가 덜 된 상태로 인해 종종 스트로크를 실패하기도 하기 때문이다.

빠른 준비는 풋워크에도 영향을 미치며, 균형 잡힌 스탠스를 유지하거나 볼을 치기 위해 달리고 있을 것이

[그림 4-9] 포핸드 준비자세

다. 준비 자세는 발의 움직임을 결정하기 때문에 빠른 준비 없이는 민첩한 풋워크를 할 수 없게 된다.

정확한 준비는 발에 올바른 신호를 보낸다. 라켓 버트(손잡이의 밑바닥)의 빛을 분석하는 것은 이 개념을 이해하는 데 도움을 줄 것이다. 백스윙에서 라켓을 뒤쪽으로 돌릴 때, 빛줄기는 베이스라인에 평행하게 코트에 나타나기 시작할 것이다. 이것은 클로즈드 스탠스 상태에서 측면 방향으로 파워를 생성할 준비를 하고 있다는 메시지를 발로 보낸다. 포워드 스윙의 시작에서 라켓을 몸 앞으로 유지함으로써, 빛줄기는 네트 방향으로 향하게 되고, 발은 어느 쪽으로 파워를 실어 보내려는지 정확한 메시지를 받게 된다.

전체적인 준비 과정을 통해서 오픈 스탠스에서 볼을 칠 수 있어야 하고, 여유가 있다면 중립 스탠스로 볼을 칠 수 있어야 한다.

준비 자세는 양발을 어깨 넓이 또는 그보다 약간 넓고 자연스럽게 넓히고 무릎은 적당히 굽히며, 왼손으로 라켓목을 가볍게 받쳐주고 전방을 주시한다.

준비 자세는 라켓을 들었을 뿐 골키퍼의 슈팅 방어자세, 맹수의 도약 자세와 원리가 비슷하다. 상대방 볼을 쫓아 민첩하게 움직일 수 있어야 하기 때문이다.

백스윙

훌륭한 백스윙의 비결은 어깨를 턴하는 것이다. 어깨를 틀어 백스윙을 리드해야 되는데 이때 라켓 헤드가 먼저 빠지고 손목, 팔꿈치가 따라 가야 한다.

또한 백스윙은 약간의 타원을 이루어야 리듬을 탈 수 있다. 스트레이트 백스윙은 간결한 잇점이 있는 대신 동작이 끊어지기 쉽다.
 백스윙이 끝났을 때, 즉 포워드 스윙 직전 라켓 헤드 위치는 타점보다 높지 않아야 하는데, 스윙을 아래에서 위로 쓸어 올리듯이 하기 위함이다.

[그림 4-10] 포핸드 백스윙 시작과 끝

포워드 스윙과 임팩드

포워드 스윙은 볼을 보내고자 하는 방향을 향해 직선으로 한다.
 임팩트 순간 라켓면은 지면과 수직을 이룬다. 초보자들은 볼을 네트 위로 넘기기 위해 라켓면을 뒤로 젖히거나(open), 아웃되는 것을 방지하기 위해 라켓면을 숙여(Close) 타구하기 쉬운데 이는 잘못된 것이다.

[그림 4-11] 임팩트

임팩트 순간 라켓면은 지면과 수직을 유지하되 아래에서 위를 향해 비스듬히 실시하는 스윙의 각을 조절함으로써 타구의 궤도와 길이를 컨트롤해야 된다.

임팩트 순간 손목은 단단히 고정돼야 한다. 손목이 느슨해 라켓이 흔들리면 정확하게 컨트롤을 할 수 없게 된다.

스텝과 스탠스

좋은 샷을 구사하기 위해선 타구에 체중을 실어야 하는데 이것이 생각처럼 쉽지 않다. 그러나 볼이 다가올 때 제자리에서 가만히 기다리는 대신 볼을 맞이하듯 발을 내디딤으로써 이 문제를 해결할 수 있다.

백스윙을 할 때 오른발을 틀어(pivot) 볼이 날아올 것으로 예상되는 지점에 비스듬히 놓은 다음 포워드 스윙을 시작할 때 왼 발은 볼을 향해 내딛어야 한다.

실제로 볼을 치기 전에 왼발은 베이스라인과 약 45°를 유지해야 하는데 이와 같이 하면 샷을 끝냈을 때 체중은 앞발(왼발)에 옮겨간 것이다. 단 왼발 끝은 지면에 그대로 닿아 있어야 균형을 유지할 수 있다.

양발의 간격은 어깨 넓이보다 약간 넓은 상태가 좋다. 스탠스가 너무 넓으면 자세는 안정되나 다음 동작이 늦다. 스탠스가 좁으면 빨리 움직이기에는 유리하나 균형을 잃기 쉽다. 포핸드 때 오른발을 내디디면서 치는 것은 가급적 피하는 것이 좋다.

풋워크 패턴

춤추는 발레리나의 스텝처럼, 다양한 풋워크 패턴은 선수들을 부드럽고 민첩하게 움직일 수 있게 한다. 이러한 패턴은 특정한 목적과 상황에 따라 다양하게 사용된다.

- 크로스오버 : 크로스오버 형식은 흔히 옆으로 움직일 때 사용된다. 이것은 특히 뒤쪽으로의 움직임이 요구되는 달려가면서 치는(run-around) 포핸드나 오버헤드를 구사하는 데에 중요하다.
- 크로스비하인드 : 크로스비하인드는 크로스오버와 비슷한 상황에서 사용되지만, 선수들이 옆과 뒤로 움직인다는 것이 차이점이다. 또한 슬라이스 어프로치에도 사용된다.
- 셔플 : 셔플 스텝도 측면으로의 움직임에 사용되지만, 거리가 짧은 경우에 적용할 수 있다. 이 패턴은 먼 거리에는 적절하지 않지만 선수로부터 몇 스텝 거리에 있는 볼에는 효과적이다.
- 어드저스트먼트 : 어드저스트먼트(혹은 컷 스텝)는 자신의 균형을 잘 유지하고 히팅 스탠스를 잡는 데에 중요하다. 좋은 준비 자세와 함께, 잘못 발을 내딛거나 클로즈드 스탠스로 볼을 칠 수 없는 상황에서 적절하게 쓰인다.

- 드롭 스텝 : 두 번째 스텝을 강하고 효과적으로 만들기 위해서 한 발을 약간 뒤로 뺀다. 대부분의 선수들은 앞으로 움직일 때와 사이드로 이동할 때 드롭 스텝을 사용한다.

방아쇠 당기기

이 개념을 통해서 라켓 스피드와 파워를 최대로 끌어올리게 될 것이다. 라켓 버트를 볼을 향해 보내면서 타올을 당기듯이 백스윙으로부터 라켓을 당긴다. 이 동작은 라켓을 도구로써 사용할 수 있도록 하고 지렛대의 파워를 이용하도록 해 준다. 앞 쪽으로 당길 때, 팔을 유연하게 유지하고 몸을 이용해 스윙함으로써 라켓 헤드가 최대의 파워로 볼을 히팅 할 것이다.

손목에 스냅을 줘서 볼을 임팩트하거나 온몸으로 스윙을 한다고 해서 라켓에 가속을 주어서는 안된다. 스윙 라인을 만들고 더 빠르게 '타올을 당기는 것'이 가속을 얻는 방법이다.

임팩트 존과 타점

임팩트 존이란 볼을 치기에 이상적인 지역이며 타점이란 라켓면과 볼이 접촉하는 지점이다.

임팩트 존은 몸 앞에 둬야 한다. 왼발을 앞으로 내디디며 포워드 스윙을 할 때 임팩트 존은 오른쪽 옆구리에서 왼발 사이가 되는데 볼 코스에 따라 다소 차이가 있지만 왼발 쪽에 있어야 좋다. 오른쪽 옆구리 선상 뒤쪽에서 임팩트하면 밀리거나 타구에 체중을 완벽하게 이동시킬 수 없다.

[그림 4-12] 그립에 따른 임팩트 존(이스턴, 세미웨스턴, 웨스턴)

반대 팔

초보자들은 대게 반대 팔을 어떠한 목적으로도 사용하지 않은 상태로, 종종 팔은 축 처진 채로 몸의 옆에 위치한다.

반대 팔은 스트로크에 균형과 파워를 증가시켜 준다. 테니스 경기에서 반대 팔은 줄타기 곡예사가 어깨 높이를 유지하기 위해 사용하는 막대처럼 균형을 잡아주고 배의 닻처럼 기반을 잡아주는 역할을 한다.

공격 상황에서 포핸드의 파워를 내기 위해서는 투수가 글러브를 낀 팔을 투구 후 가슴으로 끌어올리듯이 반대 팔로 가슴 근육을 당겨서 스트로크를 해야 한다. 이 포괄적인 동작은 긴 지렛대의 구실을 하여 스윙의 균형을 유지하면서 큰 파워를 낼 수 있게 한다.

힙 로딩

이 기술은 무게 중심을 스탠스의 뒤쪽에 두고 낮추는 것이다. 그렇게 하면 몸은 스프링처럼 감겼다가 샷을 향해 풀리는 형태가 된다. 뒷발에 균형을 유지하면서 스트로크를 연습하는 것은 이런 파워의 근원을 느끼도록 도와줄 것이다.

보통의 선수들은 체중을 뒤로 옮기고 라켓을 준비하면서 몸을 감는 과정 없이 테이크 백을 한다. 하지만 우수한 선수들은 완벽한 힙 로드를 통해서 지미 코너스처럼 큰 회전을 한 번에 해낼 수 있다. 심지어 샘프라스 같은 선수들은 파워를 내고 샷을 속이기 위해 달리면서도 힙 로드를 사용한다.

팔로우스루

팔로우스루는 샷의 마무리 동작이다. 임팩트 후에도 스윙을 계속해서 타구 방향을 향해 라켓을 충분히 뻗어준다.

[그림 4-13] 포핸드 팔로우스루

샷을 끝냈을 때 라켓 그립이 자신의 눈높이에 위치하고 팔로우스루를 완벽하게 하면 몸의 중심이 앞쪽으로 자동으로 이동되어, 타구에 체중이 실린다.

다양한 타법의 이해

플 랫

좋은 포핸드 스트로크를 구사하려면 먼저 올바른 그립을 잡은 다음 준비자세 → 어깨회전(돌기) → 테이크 백 → 스텝 → 포워드 스윙 → 임팩트 → 팔로우스루를 앞에 정확히 취해야 한다.

그러나 라켓면에 볼을 맞추기도 바쁜 초보자들이 짧은 순간에 원리 원칙을 지켜 타구하기란 쉽지 않다.

따라서 처음 포핸드를 배울 때는 각 구분동작을 한 가지씩 순서대로 익혀서 스윙 폼을 어느 정도 가다듬은 다음 구분동작을 연결한 후, 볼을 친다면 훨씬 쉽게 배울 수 있다.

또한 풋워크를 이용하여, 볼을 치기에 가장 좋은 지점을 확보하고, 타구하는 습관을 들이는 것이 중요하다. 물론 아주 초보일 때는 제자리에 가만히 서서 코치가 던져주는 볼을 쳐야겠지만 이 단계를 지나면 움직이며 타구해야 한다.

테니스에서 가만히 기다려 칠 수 있는 볼은 거의 없다. 그래서 처음부터 작은 스텝을 이용해 볼과의 거리를 맞추는 것이 매우 중요하다.

테이크 백 상태에서 몇 발자국 가볍게 뛰면서 이동하여, 항상 볼을 맞이하는 듯한 자세로 타구를 해야 된다. 볼을 치기 위해 마지막 왼 발을 내디딜 때는 발뒤꿈치부터 지면에 닿아야 임팩트 후 체중이동이 자연스럽다.

이때 가능하면 왼발은 오른발과 같은 선상이거나 약간 앞쪽으로 내디디는 클로즈드 스탠스를 취하는 것이 좋다.
- 포워드 스윙을 할 때는 왼발을 내디디며 임팩트 해야 타점을 앞에 둘 수 있다.
- 정면에서 봤을 때 왼발은 오른발과 같은 선상이거나 약간 앞쪽으로 내딛고 타구하는 게 좋다. 팔로우스루 때 뒷발(오른발)을 들 어 체중이동을 돕는다.

탑스핀 타법
- 보통의 스트로크가 뒤에서 앞으로 볼을 밀어내는 가로 방향 스윙인데 비해 톱 스핀을 걸 때는 아래에서 위로, 다시 말해 세로 방향의 스윙이 된다.

볼을 앞쪽으로 보내는 것이 아니라 라켓면에 밀어붙이듯 쓸어 올린다. 이것을 통해 회전을 가하는 것이다. 플랫보다 낮은 위치에서 포워드 스윙을 개시하고 비스듬히 위로 크게 원을 그린다.
- 이 과정에서 볼을 포착하는 것이다.
- 톱스핀의 타점은 플랫보다 앞쪽에 정해지기 때문에, 두꺼운 그립 쪽이 치기 쉽다.

얇은 그립은 손목을 ㄴ자로 만들어 되도록 타점이 앞에 오도록 한다. 얇은 그립의 백핸드로 톱 스핀은 손목을 손바닥 쪽으로 구부리면(손목을 산 모양으로 만든다) 타점이 플랫보다 앞쪽에 오게 된다.
- 의자에서 일어나는 느낌으로 쳐 본다.

앉은 상태에서 일어나면서 스윙함으로써 아래에서 위로의 동작과 무릎을 뻗어 올리는 감각을 익힌다.

『아래에서 위로의 스윙』, 『쓸어 올리는 듯한 볼』이라는 용어처럼 톱 스핀 감각을 파악하는 것은 말처럼 간단한 일은 아니다. 가령 스윙은 의자에서 일어나면서 치는 이미지로(실제로 의자를 사용해도 좋다), 쓸어 올리는 듯한 볼은 우선 맨손으로 스쳐 올리는 것부터 단계를 거쳐 연습하는 것이 매우 중요하다.

•라켓면을 덮어서는 안 된다

임팩트에서 팔로우스루에 걸쳐 볼에 라켓면을 덮어씌우듯이 치면 잘못된 것이다. 라켓은 위로의 동작만 하고, 덮어씌우는 스윙을 하면 네트에 걸리고 만다.

슬라이스 타법
•라켓을 수평으로 다운스윙

볼에 역회전을 가하는 슬라이스는 톱 스핀과는 반대로 위에서 아래로의 스윙을 해야 한다.

라켓면을 플랫보다 약간 열고(약간 위로 향하여) 임팩트에서 팔로우스루를 할 때 아래로 휘두르는 것이다. 이 스윙은 백핸드 쪽이 하기 쉬우며 또는 볼을 밀어내는 힘을 가하기도 쉽다. 따라서 슬라이스는 백핸드용 무기라고도 할 수 있다.

포핸드로 슬라이스를 치는 경우도 있지만 어프로치 샷 등의 특수한 샷에 한정된다. 손목을 세운 상태는 테이크 백을 할 때부터 의식해 둔다. 높은 볼이라면 라켓을 메는 형태가 좋고, 다만 너무 극단적인 상하 스윙이 되지 않도록 주의해야 한다.

위에서 아래로의 스윙 포인트는 손목을 세운 상태(엄지 쪽으로 구부린다)에서 임팩트 해야 하며, 그립보다 라켓 헤드가 아래로 내려가서는 안 된다.

• 지나치게 깎지 말아야 한다.

슬라이스는 볼을 자르는 이미지가 강한데, 볼을 너무 강하게 잘라 치면 위력적인 볼을 칠 수 없고 언더스핀 양만 많은 힘없는 볼이 될 수 있다.

임팩트 때는 약간 위로 향하여 거의 플랫에 가까운 라켓면, 즉 라켓면을 연 테이크 백에서 약간씩 라켓면을 세우면서 스윙에 들어가 플랫면으로 임팩트 하여 그대로 아래로 휘두르는 것이 올바른 방법이다. 슬라이스의 라켓면을 파악하기 위하여 라켓의 프레임 옆에 동전을 올려 넣고 동전이 떨어지거나 위치가 바뀌지 않도록 스윙한다.

리커버리

만약 파워 포핸드와 같은 더 공격적인 무기를 장착하고자 한다면, 그 과정은 더욱 다양해질 수 있다. 한 예로 지미 코너스와 쉬테피 그라프는 강력한 포핸드를 구사할 수 있는 최고의 자세로 빨리 전환하는 모습을 보여줬다. 자신의 플레이 스타일과 상대방의 리턴이 좋은 리커버리 자세에 영향을 미치게 되는데, "모든 샷 이후에 제 위치로 돌아올거야."라는 마음가짐이 가장 중요한 요소이다. 거의 모든 스포츠에서 상대방에게 코트를 비워주거나, 필드를 넘겨주어 속수무책으로 패배를 당하는 경우는 거의 없다.

훈련 방법과 연습

훈련을 할 때는 인내심을 가지고 한 번에 새로운 것 한 가지씩만 연습해야 한다. 자신의 스트로크에 새로운 것을 추가하거나 나쁜 습관을 수정했을 때, 한동안은 경기수행력도 떨어지고 자신감도 결여된다는 사실을 기억해야 한다. 하지만 걱정하지 않아도 된다. 많은 사람은 슬럼프를 걱정하겠지만, 열심히 노력하기만 한다면 그것은 일시적인 현상일 수 있다. 그것을 극복했을 때, 자신이 더 높은 수준의 경기력을 수행할 수 있으며, 기술향상을 위한 방법은 이것뿐이다.

연습 마음가짐

마르티나 힝기스, 비외른 보리, 마르티나 나브라틸로바, 그리고 다른 위대한 챔피언들은 특별한 사고방식을 가졌다. 그들은 목표를 세우고, 모든 것이 실전이라는 마음가짐을 갖고, 엄청난 강도의 연습을 한다.

스스로에게 인내심을 갖고, 목표를 설정하고, 그것을 이루기 위해서 매일 노력해야 한다. 완벽해지기 위해 애써야 하지만 그 과정에서 실수도 할 수 있다는 사실을 받아들여야 한다. 실수와 실패를 잘 이겨내는 선수가 가장 뛰어난 것을 얻는 선수이다. 자신의 능력을 의심하지 말고 자신을 부정하지 말아야 한다.

노력을 대신하는 것은 아무것도 없다. 구체적인 단계별 목표에 따라서 영리하게 연습해야 하며, 코치와 자신보다 수준이 높은 선수들의 조언과 건설적인 비판을 긍정적으로 받아들이는 것이 중요하다.

시합 마음가짐

실수를 하거나 볼을 아웃시키는 것을 두려워하지 말아야 한다.

그렇지 않으면 머뭇거리게 된다. 그라운드 스트로크 공격의 기본으로 가능한 한 많이 포핸드를 구사해야 하며, 백핸드도 공격적일 수 있지만, 최고의 선수들조차 겁내는 강력한 포핸드는 점수를 획득할 수 있는 최고의 무기이다. 안드레 애거시가 완벽한 예를 보여준다. 그의 백핸드도 강력하지만, 그가 시합을 지배하고자 할 때 가능한 한 많은 포핸드를 구사한다. 스핀을 이용해 속도를 조절하거나 다양한 종류의 샷을 구사함으로써 자신의 그라운드 스트로크가 다양하다는 것을 보여줌으로써 상대방이 예측할 수 없게 만든다. 즉, 포핸드 강점을 효과적으로 사용할 수 있도록 다양한 샷의 조화를 이루어야 한다. 강점을 위주로 점수를 쌓고, 잘 안될 때에도 긍정적인 모습으로, 자신감 있는 행동은 목표를 달성하는데 필수적이다.

포핸드 연습 체크 포인트 10

경기 중에 가장 많이 구사하는 샷이 포핸드 스트로크이다.

또한 포핸드 스트로크는 가장 실수가 많은 샷이기도 하다. 그렇기 때문에 포핸드 스트로크 역시 기본이 중요하다. 그래서 여기에서는 포핸드 스트로크의 실수를 줄이는 방법을 소개하기로 한다.

▶ **포인트 1 : 볼을 잡는 구역에 따라 스윙은 변한다.**

초보자들이 가장 범하기 쉬운 실수 중의 하나가 어느 위치에서 임팩트를 하더라도 항상 스윙을 일정하게 한다는 것이다. 스윙을 일정하게 한다는 것과 스윙의 리듬을 일정하게 한다는 것은 그 의미가 다르다. 힘이 없는 세컨 서브도 간단하게 아웃시켜 버리고 마는 것도 이런 유형에 속한다. 우선 자신이 볼을 잡는 구역을 잘 이해하여야 한다. 타점이 서비스라인 근처라면 스윙을 작게 하여도 충분하고, 만약 베이스라인 근처라면 큰 스윙을 하여야 한다. 물론 상대 볼의 스피드도 참고하여야 함은 물론이다. 그러나 기본적으로는 「앞쪽에서는 스윙을 작게, 뒤에서는 크게」이다. 베이스라인 근처에 볼이 떨어지면 스윙을 크게 하고, 서비스라인 근처라면 작게 해도 무방하다. 항상 스윙을 일정하게 하는 것은 금물이다. 스윙은 서비스라인을 기준으로 하여 뒤쪽에서는 크게, 앞쪽에서는 작게 하는 것이 기본이다.

▶ 포인트 2 : 뒷발을 가능한 한 빨리 결정한다.

가능한 한 볼에 빨리 접근하는 것이 실수를 줄이기 위한 주요 포인트라 할 수 있는데 이 때 중요한 것이 뒷발이다. 뒷발의 위치가 가능한 한 빨리 결정되어야 한다. 이렇게 되면 하체가 안정되어 여유있게 볼을 칠 수 있게 된다. 코트에 어떤 표시를 해두고 그 곳을 발로 밟은 후 볼을 치는 연습을 하면 효과적이다.

▶ 포인트 3 :『바운드』『히트』라고 큰소리로 외친다.

어떤 샷이든 좋은 리듬으로 샷을 하게 되면 실수를 상당히 줄일 수 있다. 그러나 항상 좋은 리듬에서, 그리고 최적의 타이밍에서 볼을 칠 수 있는 것은 아니다. 이런 경우에는 다음 방법으로 연습해 보도록 한다. 상대방의 볼이 바운드되면『바운드』, 임팩트 순간에는 『히트』라고 큰소리로 외쳐본다. 이렇게 소리를 냄으로써 타이밍을 조절할 수가 있다. 이와 같은 방법은 집중력이 흐트러졌을 때에도 좋은 효과를 낼 수 있다.

▶ 포인트 4 : 준비 자세도 편안하게

　에러의 대부분은 자신이 볼을 칠 때 발생하지만 볼을 기다리는 준비 자세도 중요하다. 준비 자세에서 편안하게 대비하고 있어야 실수를 줄일 수 있다. 초보자들에게서 흔히 볼 수 있는 것이 준비 자세에서 그립을 쥐고 있는 손에 힘이 너무 들어가 몸이 웬지 모르게 굳어지는 것이다. 이렇게 되면 스타트도 당연히 늦어지게 된다. 상대방의 볼을 기다리고 있을 때에는 굳이 그립을 쥘 필요가 없다. 반대 손으로 라켓 목부분을 지지하면서 라켓을 가볍게 쥐고 있는 것으로 충분하다.

▶ 포인트 5 : 몸의 밸런스가 나쁘면 팔로우스루가 무너진다.

　팔로우스루가 제대로 되지 않는 사람에게는 일반적으로 라켓으로 목을 휘감는다는 생각으로 스윙을 하라고 가르친다. 이렇게 하면 어느 정도 팔로우스루가 안정되고 밸런스도 유지할 수 있게 된다. 팔로우스루가 부드럽게 되지 않으면 완벽한 스윙이 불가능해진다. 즉, 밸런스가 무너진 상태에서 볼을 치게 되는 결과를 초래한다. 이러한 유형의 대부분은 그 원인이 다리가 고정되어 있기 때문이다. 이 말은 상체만으로 볼을 치기 때문에 몸의 밸런스가 무너진다는 것이다. 우선 다리를 잘 사용하도록 한다. 키포인트는 마지막의 한 스텝. 마지막 스텝이 정확한 위치에서 이루어져야 몸의 밸런스가 유지되고 부드러운 스윙을 할 수가 있다.

▶ 포인트 6 : 왼쪽 어깨를 타점 안으로 확실히 넣어야 한다.

　이러한 동작이 자연스럽게 이루어지면 테이크 백도 자연스럽게 이루어지므로 임팩트를 위한 준비도 그만큼 빨라지게 된다. 또 몸의 중심축이 자연스럽게 안정된다는 이점도 있다. 이러한 동작이 잘 이루어지지 않는 사람은 날아오는 볼을 향해 손가락을 내민다는 생각으로 스윙을 시작하면 왼쪽 어깨가 자연스럽게 돌아갈 것이다.

볼이 날아오면 재빠르게 왼쪽 어깨를 돌린다. 이 단순한 동작으로 많은 이점을 얻을 수 있다.
- 테이크 백이 자연스럽게 이루어진다.
- 임팩트를 보다 빨리 할 수 있다.
- 몸의 중심축이 완성된다. → 위력있는 임팩트가 가능하다.

▶ 포인트 7 : 무릎을 구부려 자세를 낮춘다.

볼을 칠 때에는 무릎을 확실히 구부려 자세를 낮추어야 한다. 무릎을 구부려 자세를 낮추라고 해서 무리하게 무릎을 구부릴 필요는 없다. 무릎을 약간 가볍게 구부리는 것만으로도 충분하다. 임팩트 전에 무릎이 곧게 펴져 있으면 볼을 컨트롤하기가 어렵다. 가볍게 무릎을 구부려 낮은 자세를 유지하고 임팩트에 들어간다. 이처럼 낮은 자세에서 스윙을 시작하여야 스윙의 궤도가 아래에서 위로 이루어지게 된다.

▶ 포인트 8 : 연결구와 결정구를 확실히 구분해야 한다.

지금까지는 항상 일정한 리듬으로 스윙을 해야 한다고 설명하였으나 연결구와 결정구를 확실하게 구분하여 스윙을 하여야 하며, 연결구와 결정구의 판단이 빨라야 한다. 일반적으로 서비스라인 보다 안쪽이라면 결정구, 이보다 뒤 쪽이라면 연결구라고 하지만 그보다 우선 자신의 자세를 판단하여야 한다. 여유가 있으면 뒤쪽에서도 공격적인 테니스를 구사할 수가 있다. 만약 자신의 자세가 별로 좋지 않다면 무리한 공격은 피하는 것이 좋다.

▶ 포인트 9 : 몸은 타구 방향으로 향한다.

타구의 방향은 임팩트부터 팔로우스루에 의해 결정된다. 자신의 목표 방향으로 피니쉬가 이루어지지 않으면 자신이 노린 코스로 볼을 컨트롤하기가 어렵게 된다. 자기가 목표로 한 곳이 크로스라면 몸도 크로스로 향하면서 피니쉬가 이루어져야 한다. 몸은 크로스로 향하면서 볼을 역 크로스 쪽으로 보내려고 하면 반드시 실수를 하게 된다.

▶ 포인트 10 : 라켓보다 허리가 먼저 회전되어야 한다.

초보자는 급한 마음에 허리 보다 라켓이 먼저 스윙되는 경우가 많다. 그 원인은 하체를 이용하지 않고 상체만으로 스윙을 하기 때문이다. 이러한 현상은 손목 힘이 강한 남성들에게서 자주 볼 수 있다. 임팩트를 향해서 허리가 먼저 돌기 시작하고 이보다 약간 늦게 스윙을 하는 것이 가장 이상적이다. 이 동작이 어렵다고 생각하는 사람은 라켓이 먼저 나가는 것만 주의하도록 한다. 그리고 포인트 6에서 설명한대로 왼쪽 어깨를 확실하게 타점 안으로 넣으면 허리의 사용 방법을 이해할 수 있을 것이다.

제5장 파워 백핸드

테니스 경기는 최신 장비에 빠르게 대처하는 지능적 능력이 우수하고 뛰어난 신체 조건을 지닌 선수들과 함께 끊임없이 발전하여 왔으며, 최근의 선수들은 더 재능이 있고, 허점이 거의 없는 것처럼 느껴진다. 몇 년 전에는 장점에 초점을 맞춰서 단점을 극복하는 것이 가능했으나, 현재 대부분의 선수들은 백핸드를 자유자재로 구사하고 포핸드를 강력한 무기로 사용하는 것이 가능해졌다. 따라서 오늘날의 선수들은 그들의 시합을 통해서 포핸드와 백핸드 모두를 무기로 삼아, 거의 동일한 파워의 그라운드 스트로크를 익히고 보다 위력적인 스트로크를 구사하려고 끊임없이 노력한다.

파워 백핸드란 무엇인가?

파워 백핸드의 특징을 간단히 설명하면 다음과 같다.

- 백핸드의 파워, 정확도, 일관성을 최대화 할 수 있다.
- 모든 샷의 스핀과 궤도를 다양하게 구사할 수 있다.
- 어떻게 이 기술들을 자신의 시합 방식에 효과적으로 적용할지 구상하고 이해할 수 있다.

파워 백핸드 기초

몸의 자세와 풋워크로 스윙을 컨트롤 할 수 있도록 훈련하는 것이 파워 백핸드의 가장 중요한 기초이다.

탄탄한 기초

기초에서부터 숙련된 단계로 진행하는 방식으로 파워 백핸드를 이해하는 과정을 시작한다. 스트로크 자체는 기초의 연장이라는 것을 인식해야 한다. 탄탄한 기초 없이는 절대 스트로크에 파워를 줄 수 없다. 훈련을 통해서 몸의 자세를 익숙하게 하는 것이 바로 기초를 탄탄하게 하는 것이다. 전체적인 자세를 낮추고 볼을 잡을 수 있는 것이 기초의 핵심이다.

코트에서의 움직임에 관련해서 동일한 파워를 가진 선수라면 트랙터보다 고급 승용차처럼 움직이기 위해서는 바닥으로 더 낮게 위치해서 더 좋은 안정감과 파워를 가져야 한다. 낮은 자세로 인해 넓적다리에 걸리는 하중을 받아들이기 위해서는, 어깨 넓이의 1.5배에서 2배 가량 다리를 벌려서 넓혀야 한다. 스탠스를 넓게 잡는 것은 볼에 반응하여 준비할 때 더 큰 파워와, 컨트롤, 정확도를 향상시켜 줄 것이다.

등과 허리의 자세는 상체의 파워를 온전하게 사용하는 데에 큰 도움을 준다. 어깨를 회전시키는 동작은 그것을 효과적으로 유지하는 허리 근육과 자세에 달려 있다. 앞으로 설명하겠지만 자신의 팔과 다리는 몸을 축으로 지렛대의 기능을 해야 하는데, 몸을 지탱하고 조절하기 위해서는 특정한 부분의 근육을 주로 많이 사용하게 된다. 올바른 자세는 자신의 몸이 기계처럼 작동할 수 있게 해 준다.

상체 자세의 기본이 되는 하체를 지탱하기 위한 근육은 일정하지만 유연하게 작용하기 때문에, 몸의 중심이 유연성 있고 안정적이라면 빠르게 반응하여 민첩하게 방향을 전환할 수 있고, 타이트하게 회전할 수 있으며 완벽한 컨트롤을 할 수 있다.

팔과 그립에 대한 역할과 관계없이, 유연성이 채찍 같은 동작을 만들어 내고 스윙의 속도를 올려준다. 실제로 그립을 잡는 것에는 힘이 거의 들지 않아야 하며, 팔과 손 역시 라켓을 꽉 쥐어서는 안 된다. 만약 그렇게 한다면 유연성이 감소할 것이기 때문에 손은 라켓을 놓치지 않을 정도로만의 힘으로 잡는다.

탄탄한 기초는 팔과 다리가 만드는 동작의 결과를 결정하는 열쇠가 되기 때문에 훈련을 통해 탄탄한 기초를 몸에 익히도록 해야 한다. 기초가 튼튼하지 않다면 그 결과도 불규칙적이게 된다. 물리적으로 말해서 테니스는 움직임과 스트로크의 스포츠라는 것을 기억해야 한다.

훈련 방법

- 줄다리기 : 두 명이 밧줄 하나를 잡고, 몇 미터 떨어져서 서로 마주 본다. 당겨서 친구와 균형을 맞추고, 다리를 넓혀 무게 중심을 낮출수록 균형 있고 파워 있게 버틸 수 있다는 사실을 알게 될 것이다.
- 스탠스 잡기 : 줄다리기를 계속 하면서 오픈, 중립, 클로즈드 스탠스를 번갈아 해 본다. 서로 같은 스탠스를 잡게 하고 다른 형태의 스탠스를 잡아본다.

움직임의 기술

움직임의 기술은 어떻게 공격을 계획할 것인가, 자신의 사이드를 어떻게 방어할 것인가, 공격할 시점을 어떻게 결정할 것인가에 대한 이해가 모두 포함되어야 한다. 어느 한 가지 강한 무기보다 이러한 것들이 승리의 요소이며, 지속적인 성공을 위해서는 경쟁심을 가져야 한다.

움직임과 자리 잡는 것은 파워 백핸드를 익히는 데 매우 중요한데, 우선 샷의 방향과 스피드를 알고, 빠른 시간 안에 제자리로 돌아오는 능력에 큰 영향을 미친다.

한 포인트가 세 번이나 네 번의 샷으로 점수가 난다고 하면, 게임을 계속하기 위해서 80%에 가까운 파워를 발휘해 볼을 치고 있는 것이다. 오직 네 번 중에 한 번의 샷으로 포인트를 끝내는 것이다. 만약 효과적으로 코트 위치를 확보하지 못하면 상대방은 오픈 코트의 기회를 통해 끝을 낼 것이다. 코트 위치를 회복하는 것은 80%의 경우에 중요하지만, 100% 경우로 만들어야 한다. 움직임의 기술을 더 살펴보면서, 모든 샷의 타이밍과 올바른 위치를 잡는 것을 이해함으로써 좋은 위치를 유지하는 것이 중요함을 인식해야 한다.

타이밍과 리듬

타이밍과 리듬은 어떻게 음악에 맞춰 춤을 추는지 지켜보는 것과 유사하다. 좋은 댄스 음악을 들을 때 많은 사람들 저절로 몸을 움직이기 시작한다. 댄서들이 음악에 맞춰 춤을 출 때 음악 비트의 타이밍, 악기의 리듬, 그리고 노래의 장르가 댄서들을 사로잡는 것처럼 보인다. 테니스 시합의 박자는 두 선수가 랠리를 하는 스피드에 의해서 결정된다. 볼을 빠르게 주고 받을수록, 두 선수는 박자를 맞추기 위해서 더 빠르게 반응하고 움직여야 한다. 훌륭한 댄서들처럼 테니스 선수들은 박자에 맞춰 모든 볼을 쳐내고 회복하면서 부드럽고 우아하게 움직여야 한다.

볼이 한 선수로부터 다음 선수에게 갔다가 돌아오는 과정을 다섯 단계로 나눌 수 있는데, 타이밍을 놓치지 않으려면 스피드가 필요하고, 최소한 80%의 경우에 회복할 만한 시간을 벌어주는 샷을 구사해야 한다. 최고 수준의 플레이를 할 때는 반드시 속도를 잘 유지해야만 한다. 움직이는 과정을 각 단계별로 살펴보면 다음과 같다.

▶ 단계 1 : 반응 준비

베이스 라인에서 랠리가 계속될 때 상대방에게 볼이 튀어 오르기 시작하면, 상대방의 샷에 대한 초기 반응을 준비해야 한다. 만약 상대방의 샷으로부터 코트 위치를 완벽하게 회복하지 못했다고 하더라도, 상대방이 볼을 칠 때 샷의 방향과 깊이를 파악하고 움직이기 위해서는 자세를 빨리 잡아야만 한다.

▶ 단계 2 : 읽고 반응하기

상대방이 스트로크를 시작할 때, 볼이 어디로 향할지를 판단하여 다음 움직임을 예측할 수 있어야 한다. 볼을 치는 순간 상대방의 샷을 읽고 움직이기 시작하는 것이다. 1~2초 만에 볼이 네트를 넘어 되돌아오기 때문에 빠르게 예측해야 한다.

▶ 단계 3 : 풋워크와 준비

　상대방의 샷에 민첩하게 반응해서 볼을 쫓고 있다면, 자세를 낮춘 상태로 풋워크는 빠르고 유연하게 해야 한다. 빠른 준비와 올바른 자세는 상대방의 공격에 대비한 풋워크에 중요한 영향을 미친다. 볼이 옆에 튈 때, 라켓과 발은 샷을 위한 준비가 되어 있어야 한다.

▶ 단계 4 : 셋업과 실행

　바운드 된 볼을 결정구로 만들기 위해서는 위닝샷을 만들어낼 수 있도록 히팅 스탠스를 잡고 볼을 칠 준비를 해야 한다. 달려가면서 쳐야 하는 상황에서는 준비상태의 정도에 따라 발을 조절해야 한다.

▶ 단계 5 : 리커버리

　훌륭한 선수들은 리커버리를 팔로우스루의 자연스러운 부분으로 여기는 경향이 있다. 그들은 스트로크 시에 이미 리커버리를 시작하고, 특히 뛰고 있거나 리커버리를 위해 방향을 바꿔야 하는 경우에도 발생한다. 당신의 샷이 상대방에게 도달하는 시간이 유일하게 제자리로 돌아올 수 있는 시간이다. 이것은 자신이 볼을 강하게 칠수록 복귀하는 시간이 줄어든다는 것을 의미하며, 코트에서 리커버리의 위치는 볼의 방향에 따라 달라진다.

　모든 샷을 한 후에 완벽히 리커버리 할 수 있도록 해야 하는데, 그렇지 않으면 상대방에게 코트를 열어주게 된다. 볼이 상대방의 앞에서 바운드 될 때 올바른 위치로 돌아와 새로운 도전을 다시 시작할 준비를 해야 한다.

코트 자리잡기

리커버리의 목적은 상대방이 보낼 수 있는 최고의 샷의 범위 안에서 가운데 지점에 위치하는 것이다. 상대방의 샷의 범위 안에 위치함으로써 오픈 코트의 기회를 주지 않을 수 있으며, 상대방을 더 연구하고 그의 샷을 예측할 수 있게 되면 보다 정확한 위치를 잡을 수 있게 된다.

올바른 움직임 기술

테니스 경기를 하면서 많은 사람들은 고급 승용차처럼 빠르게 움직이기 시작하고, 방향을 바꿀 때 민첩하고 안정적이면서, 속도를 조절할 수 있길 원한다. 단단하게 기초를 잡고 낮은 자세를 취해야 하는데, 어떠한 상황에서든지 어깨 넓이 1.5~2배의 스탠스 자세를 만들고 있어야 한다. 이 너비는 하체에 부담되는 파워를 분산시켜 주는 동시에, 등의 자세를 바르게 하고 상체를 지탱하는 근육을 발달시키며, 테니스 움직임 기술의 기초를 쌓는 데 필수적인 요소이다.

허리 자세는 상체와 하체를 연결하는 다리와 같다. 하체의 체중 이동으로부터 발생하는 파워는 엉덩이를 회전시키고 등과 허리를 통하여 어깨를 회전시킨다. 좋은 자세는 스트로크를 강하고 안정되게 그리고 빠르고 예민한 움직임의 원천이 된다.

첫 스텝 반응

첫 스텝 반응 기술은 비 온 뒤의 하드 코트나 건조해서 먼지가 많은 클레이 코트처럼 축축하고 미끄러운 표면에서는 정확하게 밟기 어렵다. 하지만 체중을 잘 이용하고 항상 올바른 스텝을 사용한다면, 코트 표면의 상태가 나쁠지라도 성공적인 움직임을 수행할 수 있다.

탄탄한 기본자세에서 빠른 풋워크는 기초로부터 정지 상태에서 동작으로 연결되는 드롭 스텝 및 드라이브 기술을 적용시켜 보는 것도 매우 의미있는 연습 방법이다. 빠른 반응 시간에 관하여 가장 중요한 요소는 첫 스텝의 움직임이며, 이것은 즉시 가속으로 연결되어야 한다.

눈 위에서 차를 타고 가는 과정을 생각해 본다. 눈에서 마찰력을 높이기 위해 전륜 구동 차량은 엔진의 무거운 무게를 이용하여 타이어가 지면에 달라붙도록 한다. 가끔 후륜 구동 차량은 눈 속에서 바퀴가 헛돌기도 하는데 차의 중량 대부분이 앞바퀴에 걸려 있기 때문인데, 이유는 뒷바퀴로 마찰력을 만들어낼 수 있는 무게가 전달되지 않기 때문이다. 이것은 드롭 스텝 및 드라이브 개념과 유사하다고 할 수 있다.

드롭 스텝 기술은 발이 몸의 한가운데 위치할 때 마찰력을 일으키기 위해 체중을 이용해야 한다. 백핸드 쪽으로 오는 볼에 반응하는 오른손잡이 선수의 경우에 왼발이 몸통 아래로 떨어지면서 상체의 자세를 유지해야 하는데, 오른발이 크로스오버 되면 왼발이 동작을 지탱하면서 모든 중량을 받게 되는 것이다.

만약 오른발을 너무 강하게 밀어 보내면 후륜 구동 차량이 눈 위에서 파워를 잃듯이 발이 미끄러져 완전한 스텝을 유지할 수 없다.

풋워크 패턴

풋워크 패턴을 자전거의 10단 기어라고 생각하면 보폭에 대한 이해가 쉬울 것이다. 빠른 출발을 위해서는 짧고 예민하지만 파워 있는 1단 기어에 놓고 빨리 속도를 올려야 한다. 보폭이 넓다거나 스텝이 큰 것은 자전거의 열 번째 기어처럼 속도를 올리는 데 느리기 때문에, 보다 민첩하려면 1단 기어 보폭을 가지고 움직여야 한다.

풋워크 패턴은 상황에 따라 특정한 패턴을 사용하도록 고안되어 있다. 왼쪽이나 오른쪽으로 몇 발자국 이상의 거리를 움직이기 위해서는 크로스오버 풋워크를 사용한다. 이 움직임 패턴은 빠르게 이동해서 준비와 실행 단계로 넘어갈 수 있도록 도와준다. 볼이 단지 몇 발자국 거리 내에 있을 때에는 셔플 스텝을 통해서 자리를 잡고 스트로크를 준비하면 된다. 여러 상황에서 스트로크를 위해 발을 정렬하려면 어드저스트먼트 스텝이 필요할 것이다. 하드 코트에서 끽끽 소리를 내기도 하는 이러한 짧은 스텝들은 훌륭한 샷에 절대적으로 필요한 풋워크라고 할 수 있다.

라켓을 든 상태에서의 준비는 스트로크 자체 뿐만 아니라 그것을 지탱하는 풋워크에 있어서도 매우 중요하다. 라켓이 몸 앞에서 볼을 향해 준비되어 있다면 발은 스트로크를 하기 위해 어떻게 움직여야 하는지 올바른 메시지를 전달받을 것이다. 만약 라켓이 너무 깊은 테이크 백으로 인해 몸 뒤쪽에서 볼을 향하고 있다면, 발은 제한적인 메시지만 받아서 클로즈드 스탠스를 유발할 수도 있다. 볼의 움직임에 대해 미리 예측함으로써 발은 움직일 만한 충분한 시간적 여유를 가질 것이다.

라켓 버트가 하나의 빛줄기라고 생각해 보면 빛은 몸 앞에서 네트를 향해야 정상적인 것이며, 빛줄기는 파워를 실어 보내려고 하는 방향을 나타내게 된다. 이 때 발은 오픈 스탠스를 잡으면서 반응하게 되고, 체중을 앞으로 이동시키면서 중립 스탠스를 잡을 수도 있다.

히팅 스탠스

3가지 기본 히팅 스탠스가 있다:
- 오픈
- 중립
- 클로즈드

[그림 5-1] 백핸드 오픈스탠스　　[그림 5-2] 백핸드 중립스탠스　　[그림 5-3] 백핸드 클로즈드스탠스

시계의 앞면을 이용하면 더 잘 이해할 수 있다. 오른손잡이 선수가 백핸드를 할 때, 왼발을 시계 중심에 놓는다. 오픈 스탠스 자세일 때, 오른쪽 발은 세시 방향을 향해야 한다. 이 스탠스가 준비 동작에서 여유가 없을 때 가장 일반적인 자세인데, 마치 서브를 리턴

할 때의 스탠스와 같다. 양 손 백핸드 선수가 한 손 백핸드 선수보다 오픈 스탠스를 더 자주 사용하는데, 다양한 코트 위치에서 오픈 스탠스를 연습하면 더욱 파워풀한 스탠스를 개발할 수 있다

시간적 여유가 있을 때나, 볼이 짧을 경우, 중립 스탠스는 더욱 유용하게 사용할 수 있다. 왼쪽 발을 다시 시계 중심에 놓고, 오른쪽 발을 12시 방향으로 틀어 놓는 중립 스탠스는 양 손과 한 손 백핸드 선수들을 위한 유리한 스탠스로 가장 균형 잡히고 강력한 스윙을 할 수 있게 한다.

오픈 스탠스에서 오른발을 12시 방향으로 보내면 체중이 이동하면서, 모든 파워를 스트로크로 전달하여 목표지점으로 정확하게 보낼 수 있다.

클로즈드 스탠스는 왼발이 시계 중심에 있지만 오른발이 아홉 시 방향으로 갈 때 이루어진다. 이 스탠스는 피봇 동작을 할 때 몸의 회전을 방해하기 때문에 특히 양 손을 사용하는 선수에게는 어려움을 야기시킬 수 있다. 게다가 클로즈드 스탠스에서 볼을 치면 파워와 샷의 종류에 제한을 주고 균형에도 문제를 가져올 수 있으나, 한 손 선수들은 클로즈드 스탠스에서도 꽤 효과적일 수 있는데 이는 양 손 선수들처럼 피봇 회전을 하지 않기 때문이다.

클로즈드 스탠스를 피하기 위해서는 준비 단계에서 라켓을 몸의 앞에 놓고 정확하게 스트로크를 준비하는 법을 익히면 효과적이다.

리커버리

런닝 스트로크를 하는 경우에는 샷을 구사하면서 리커버리를 시작할 수 있다. 활강 스키어들이 활강 회전을 위해 하체를 사용하는

것처럼 훌륭한 선수들은 한 번의 빠른 움직임으로 속도를 이동시킬 수 있다. 코트에서 제자리로 돌아오기 위해서 우선 크로스오버와 셔플 패턴을 사용해야 하는데, 적어도 상대방이 볼을 칠 때까지는 어깨가 네트를 바라보아야 한다. 이렇게 하면 만약 볼이 뒤쪽으로 올 때에도 민첩하게 방향을 전환할 수 있다.

파워 스트로크

유연하고 부드럽게 스트로크를 할 수 있도록 하는 움직임의 기술을 잘 이해했으면 역학적 관점에서 스트로크를 분석할 필요가 있다. 탄탄한 기초라고 언급된 신체 자세의 중요성과 그것이 어떻게 움직임과 스트로크에 기여하는지에 대해서는 이미 앞장에서 설명하였다.

균형 잡힌 히팅 스탠스에서나 러닝 스트로크시의 올바른 풋워크에 있어서도 안정적인 샷을 구사할 수 있게 도움을 주는 것은 바로 하체인 것이다. 무게이동을 통해서 하체는 몸의 피봇동작에 파워를 전달할 수 있다.

탄탄한 등의 자세를 바탕으로 몸통은 스트로크 시에 어깨의 높이를 유지하고 상체의 파워를 안정적일 수 있게 만들어 준다. 견고하면서도 유연성 있는 기초가 마련되어 있다면, 스트로크의 파워를 만들어낼 준비가 된 것이라고 할 수 있다. 기초가 완비된 상태에서 어깨, 팔, 손과 라켓은 조화를 이루면서 스윙의 속도와 파워를 생산해낸다. 최소의 힘으로 최대의 파워를 끌어올리려면 스트로크 시에 지렛대를 이용하여 파워를 만드는 법을 익히면 많은 도움을 얻을 수 있다.

기계의 지렛대 원리

지렛대의 원리란 팔, 손, 그리고 라켓이 순서대로 움직여서 운동기능을 효과적으로 발휘하는 것을 의미한다. 일반적인 정의는 "고정된 받침점을 중심으로 회전하여 운동 역학적인 이득을 얻는 금속 막대 같은 지렛대를 사용하는 동작"이라고 할 수 있다.

시소의 움직임을 예로 들면, 시소의 한 쪽 끝에 앉으면 시소는 중심점을 기준으로 상하 운동을 하면서 반대쪽 끝을 들어올린다. 시소의 기능은 오래 전부터 무거운 물건을 쉽게 들어 올리는 데 사용되어 왔으며, 지렛대 원리란 더 쉽고 효율적으로 운동을 하기 위해 도구를 사용하는 것을 말한다.

다른 예로는 망치의 움직임을 들 수 있다. 나무 판자에 못을 박을 때 망치는 팔뚝과 직각을 이루면서 지렛대가 된다. 망치의 손잡이 부분을 못을 향해서 아래로 움직이면 망치의 머리 부분이 따라온다. 손잡이를 아래로 보내면 그 동작의 힘은 망치 머리를 지나 못으로 전달되는데, 이것을 하강 지렛대 동작이라고 일컫는다.

이 예를 머릿속에 그리면서 지렛대 동작으로 테니스 볼을 친다고 생각하면, 테이크 백에서 라켓 버트는 볼을 향해 앞쪽으로 나가려는 위치에 있다. 라켓 버트를 앞으로 보내면서 생기는 힘이 임팩트 지점에서의 라켓 헤드를 가속시킨다. 망치를 사용하는 동작과 비슷하게 라켓의 동작도 지렛대의 원리를 적용하여 힘과 스피드를 만들어낸다.

따라서 스트로크에 대해 지렛대의 원리를 이용한다면 파워를 향상시키고 더 빠른 속도를 생성할 수 있기 때문에 정교한 그라운드 스트로크를 완성하는데 많은 도움을 얻을 수 있다.

한 손 파워 백핸드 공격

 강력한 한 손 백핸드를 구성하는 가장 중요한 요소는 그립과 손목이 지니는 지렛대의 역할이다. 이스턴 백핸드 그립은 손목에 가장 큰 파워를 주는 자세이고 볼을 칠 때 스트로크의 실패 위험성을 막아준다.

[그림 5-4] 한 손 백핸드 드라이브 연속동작

백핸드 스트로크에서 테이크 백의 핵심 요소는 스윙을 시작하면서 라켓 버트를 정확하게 앞으로 보낼 수 있는 위치에 고정하여 두는 것이다. 라켓을 뒤로 빼는 데는 다양한 스타일이 있고 테이크 백에서 팔이 가끔 굽혀지기도 하는데, 스트로크를 하여 볼이 앞으로 나아갈 때에는 팔을 끝까지 펴서 지렛대를 만들어야 한다. 팔꿈치를 굽히지 않고 팔을 쭉 편 상태에서 견고하면서도 유연한 동작은 볼을 치는 팔(지레)이 가슴 부분까지 힘을 지지하는 축으로 작용할 때 파워가 발생한다.

그립 밑부분이 볼을 향해서 앞으로 움직이기 전에 쫙 펴진 강하면서도 유연한 팔이 볼을 쳐내면서 시소의 동작처럼 가슴 부분은 파워를 스트로크로 전달하는 데 사용된다. 버트는 다가오는 볼의 진로와 일직선이 되어야 하며 볼을 치려고 겨냥하는 높이보다 낮게 위치한다. 버트의 끝은 볼을 치기 위해 앞으로 움직이기 시작하고, 팔이 볼을 향해 나아가는 궤도를 따라 움직인다.

라켓 헤드는 그립 밑부분의 스윙 궤도를 따라가면서 임팩트 지점에서 급격하게 빨라진다. 팔로우스루는 목표물의 방향으로 팔이 끝까지 펴진 상태로 수행하며 라켓 헤드는 다양한 샷을 정확하게 컨트롤할 수 있는 방향과 위치를 갖게 된다. 라켓 헤드를 스트로크 후에 멈추는 것은 스트로크의 스핀과 파워의 양에 의해 결정된다고 할 수 있다.

한 손 백핸드의 기초는 몸이 열린 상태로 회전하는 것을 방지하는 것에서부터 시작한다고 할 수 있다. 몸의 피봇 동작은 라켓이 앞으로 나가기 시작하면서 완전히 멈춘다. 피봇 동작을 멈춤으로써 준비동작에서부터 생성된 파워는 스트로크를 하는 과정으로 전달된다. 그리고 반대 팔은 스트로크 시에 어깨의 높이를 유지하고 볼을 임팩트 하면서 어깨가 돌아가는 것을 막아줌으로써 어깨의 균형을 잡아준다.

한 손 백핸드는 스트로크 하고자 하는 목표 방향으로 무게중심을 전달할 수 있는 중립 스탠스에서 가장 효과적이다. 하지만 한 손을 사용하는 사람들은 클로즈드 스탠스에서도 효과적일 수 있다. 그러나 오픈 스탠스는 리턴 할 때 사용하거나 준비할 시간이 부족한 상황에서 쓰일 수도 있지만, 그래도 한 손 백핸드를 사용하는 선수들에게는 어려운 유형이다. 하지만 이 모든 히팅 스탠스를 사용할 수 있어야 경기력을 높일 수 있다.

상대방의 마음속에 언제라도 자신의 백핸드가 포인트를 얻을 수 있을 거라는 위협을 줄 수 있어야 한다. 더불어 경기하는 동안 실수를 줄이면서 스트로크의 속도를 다양하게 조절하고, 스핀의 양에 변화를 주면서 지속적으로 공격을 한다면 상대방을 궁지로 몰고 갈 수 있다. 그리고 때때로 파워 있는 공격을 이용한다면 시합을 더 효과적으로 풀어갈 수 있을 것이다.

방아쇠를 당기려고 결심한 순간, 한 번 더 생각할 여유와 주저할 시간이 없다. 항상 긍정적으로 생각하고 자신감 있게 행동하면 좋은 결과를 얻을 수 있다는 것을 항상 기억해야 한다.

타올 테스트 훈련은 중립 스탠스에서 타올을 잡은 다음 손목을 이스턴 백핸드 그립으로 잡고, 파트너에게 뒤에서 손에 가깝게 타올을 잡게 한 후, 파트너의 손에서 타올을 당기면서 볼을 치는 것처럼 앞으로 스윙해 본다. 팔과 손목이 만드는 스윙 궤도와 형태를 만들기 위해 여러 번 반복해 보면, 강하게 당길수록 라켓 헤드의 스피드는 올라갈 것이다.

한 손 슬라이스

파워 스트로크에 언더스핀을 가미하면 전략적으로 강력한 무기인 한 손 칼날 슬라이스가 된다. 심지어 대부분의 양 손 백핸드 선수들조차 한 손 슬라이스를 이용하여 코트 깊숙이 찌르는 공격 방법을 익히고 있다. 강하게 압박 받는 상황에서는 칼날 슬라이스가 당신이 취할 수 있는 유일한 방법이다. 한 손 슬라이스는 깊고 짧게도 공격할 수 있기 때문에 준비와 실행 과정에서 상대방을 속일 수 있는 유용한 기술이다. 이 스트로크를 효과적으로 사용하고 잘 계획한다면 샷을 할 때 마다 상대방을 괴롭힐 수 있다.

어프로치 샷에 있어서 슬라이스는 깊고 상황에 따라 짧게도 공격할 수 있게 해준다. 풋워크와 스트로크를 통해 더 쉽게 움직일 수 있고 자리를 잡는데 시간도 벌 수 있다. 결국 좋은 슬라이스는 낮은 바운드로 미끄러지기 때문에 상대방이 받아치기 어려워 공격할 수 있는 기회를 잡을 수 있다.

칼날 슬라이스에 어울리는 그립은 콘티넨탈 그립이다. 이 그립은 좋은 컨트롤과 샷 감각을 제공하면서, 언더스핀의 양과 스트로크의 파워를 완벽하게 조화시킬 수 있다.

테이크 백을 할 때 다가오는 볼 뒤쪽과 치고자 하는 임팩트 지점의 아래쪽으로 라켓 버트를 위치시켜야 한다. 그리고 팔과 라켓은 L자 모양을 만들면서 라켓 헤드는 뒤쪽으로 젖혀야 하며, 어깨는 네트와 같은 높이에서 수직으로 회전해야 한다.

포워드 스윙이 시작될 때, 라켓 버트가 임팩트 지점으로 나가면서 치는 쪽 어깨가 열리기 시작한다. 그리고 균형을 맞추는 반대쪽 어깨는 돌아가는 것을 막고 어깨가 네트와 수직 관계를 유지하게 해

준다. 반대팔과 어깨는 이렇게 상체를 잡아주는 기능을 하는데 이것은 치는 쪽 팔이 더 큰 파워로 당기는 동작을 할 수 있게 해주고 스윙 궤도를 정확하게 유지하도록 도와준다.

[그림 5-5] 한 손 백핸드 슬라이스 연속동작

버트 끝은 앞으로 나아가고 라켓 헤드를 임팩트 지점으로 보내면서 위에서 아래로 스윙을 해야 한다. 그리고 라켓 헤드는 버트 끝이 지나간 궤적을 따라가야 한다.

팔은 테이크 백에서 뻗은 만큼 강하면서도 유연하게 앞으로 나아가고, 팔은 지레가 되며 가슴 부분이 받침점으로 사용된다. 볼을 치는 팔은 가슴을 통해 파워를 만들어 내면서 정교한 스트로크로 이어진다. 라켓이 임팩트 지점을 통과할 때 팔은 가슴으로부터 멀어지고 팔로우스루를 목표물을 향해 끝까지 뻗어주어야 한다.

한 손 백핸드의 기본자세는 엉덩이와 어깨가 완전히 돌아가는 것을 막아야 한다. 어깨는 네트에 수직이 되게 하고 스탠스의 앞쪽으로 가슴이 네트를 정면으로 바라보아야 한다.

슬라이스를 잘 칠 수 있다는 것이 시합에서 어떻게 유리하게 작용하는지 이해하기 위해서는 야구경기에서 투수가 직구와 함께 커브, 체인지업, 슬라이더 등의 구질을 어떻게 사용하는지 생각해보면 쉽게 알 수 있다. 속도, 궤적, 볼의 스핀을 변화시켜 가면서 투수는 타자가 다음 구질을 쉽게 예측하지 못하게 한다.

슬라이스는 이처럼 다양한 전략적 기술들을 추가시켜 주고 상대방에게 그만큼 어려움을 가져다 줄 것이다. 그리고 준비 단계에서 샷을 들키지 않고 드롭샷이나 다른 다양한 샷을 구사할 기회를 갖게 해 준다. 역사상 가장 위대한 여자 선수인 슈테피 그라피는 자신이 가진 파괴적인 슬라이스 백핸드를 아주 가끔씩만 사용했다. 하지만 슬라이스를 파워풀한 공격과 대비적으로 시합에 사용하면서 보여준 뛰어난 경기력은 많은 선수들로 하여금 아주 효율적인 전술임을 인식하게 해 준 것이라고 할 수 있다.

백핸드 슬라이스의 실패 원인

백핸드 슬라이스를 실패하는 원인은 크게 두 가지로 나눌 수 있다. 첫 번째는 볼에 언더스핀(역회전)을 걸려고 지나치게 의식한 나머지 손목으로 스윙하게 된다는 것이다. 슬라이스를 하는 것은 손목이나 팔꿈치의 움직임이 아니라 어깨를 중심으로 한 스윙이다. 발리할 때와 마찬가지로 라켓과 팔의 각도를 유지하면서 어깨를 중심으로 스윙을 해야 한다.

두 번째는 체중 이동이다. 스윙을 잘 할 수 있어도 체중 이동을 제대로 하지 못하면 슬라이스를 구사할 수 없게 된다. 라켓 각을 만들고 임팩트를 향하여 오른발로 체중을 이동시키며 스윙을 해야 한다. 체중이 타점으로 이동하면서 스윙할 수 있으면 볼에 밀리지 않는 강한 슬라이스를 할 수 있다. 이상의 두 가지 포인트를 지켜 백핸드 슬라이스를 한다면, 실패율이 현저히 줄어들 것이다. 그리고 라켓을 고정시켰다면 어깨를 중심으로 스윙하고, 라켓과 팔의 각도를 일정하게 유지해야 한다. 또 임팩트에서는 앞발 쪽으로 체중을 싣고 볼을 잡도록 해야 한다.

슬라이스는 손목이나 팔꿈치를 중심으로 스윙하는 것이 아니라 어깨를 중심으로 스윙을 해야 한다는 것을 명심해야 한다.

양 손 파워 백핸드 공격

양 손 백핸드은 신체의 기초적인 사용과 스탠스의 중요성에 있어서 한 손 백핸드와 매우 다르게 작용한다. 한 손 백핸드 스트로크는 몸의 전체 회전이 없어야 더 효과적이지만, 양 손 백핸드 스트로크는 몸을 끝까지 회전시켜야 하는 공격적인 히팅 스탠스를 통해서 파워를 만들어낼 수 있다.

양 손 스트로크의 그립은 샷의 정확성 및 손의 모습과 기능을 결정하며, 스트로크는 그립에 의지하기 때문에 균형을 맞추기 위해서 오른손잡이에겐 왼손 위주가 되거나 더 오른팔 위주가 되어야 한다. 따라서 그립에서 아래에 위치하는 손이 스트로크에 중요한 영향을 미치는 요소를 결정한다고 할 수 있다.

따라서 다양한 그립 콤비네이션을 하나씩 심도 있게 실험하고 적용하면서 각자의 스타일에 맞는 그립을 선택해야만 좋은 스트로크를 할 수 있을 것이다.

[그림 5-6] 양 손 백핸드 드라이브 연속동작

대부분의 선수들이 포핸드 그라운드 스트로크를 배우면서 테니스를 시작하기 때문에, 그 결과 포핸드에 사용하는 그립을 편안하게 느낄 수밖에 없다. 그리고 양 손 백핸드를 배우기 시작하면서 자연스럽게 아래쪽 그립을 잡은 손은 다른 형태의 그립을 잡는 것에 익숙치 않다. 하지만 아래쪽 손이 포핸드 그립이면 스트로크의 모든 파워가 위쪽 손에서 나와야 한다. 아래쪽 손은 파워를 내는 역할을 하기에는 너무 약하기 때문이다. 아래쪽 손은 볼과의 임팩트 지점에서 라켓 버트를 아래로 끌어내리는 역할을 하게 된다. 따라서 아래쪽 손이 회전축이 되면서 위쪽 손은 스트로크에 파워를 싣게 되는 것이다.

아래쪽 손 그립과 관련해서 선호되는 임팩트 지점은 엉덩이 뒤쪽으로, 몸의 앞을 벗어나서 훨씬 뒤에 있게 된다. 아래쪽 손이 세미 웨스턴이나 이스턴 포핸드 그립일 때, 팔과 팔꿈치는 복부에 붙어있어야 하며, 이 그립에 맞는 스트로크는 아래쪽 손이 라켓 버트 부분

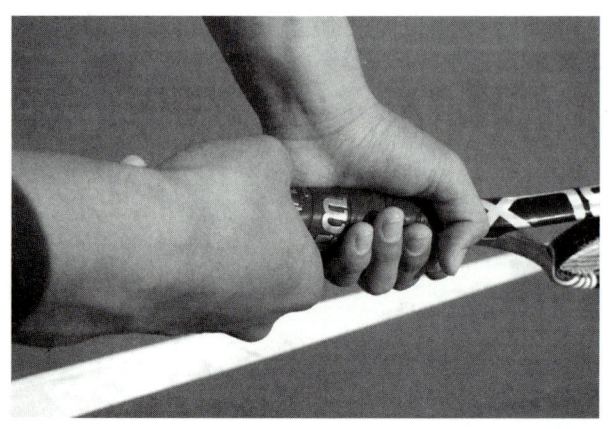

[그림 5-7] 콤비네이션 그립 1
위쪽 손 : 이스턴 포핸드, 아래쪽 손 : 세미웨스턴 또는 이스턴 포핸드

을 닻처럼 고정시키는 톱스핀 포핸드이다. 그러므로 이 그립은 양손 백핸드 스트로크에는 적절하지 않다.

아래쪽 손이 콘티넬탈 그립으로 바뀌면 스트로크는 여전히 위쪽 손에 의해 결정되어진다. 그러나 정확한 임팩트 지점은 아래쪽 손이 세미웨스턴이나 이스턴 포핸드 그립일 때 보다 앞쪽에서 이루어진다.

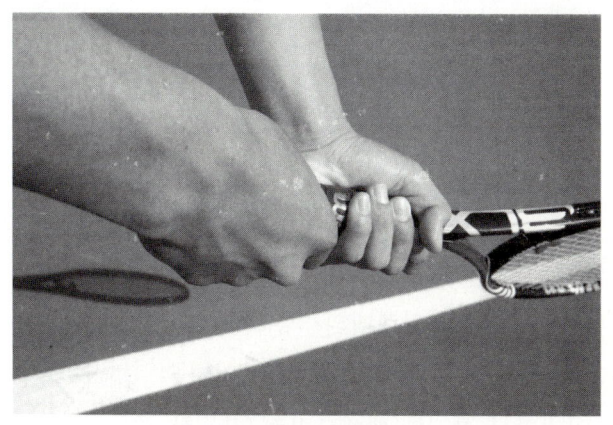

[그림 5-8] 콤비네이션 그립 2
위쪽 손 : 이스턴 포핸드, 아래쪽 손 : 콘티넨탈

스트로크 시에 아래팔은 팔꿈치를 약간 굽힌 채로 있어야 하며, 왼손이 추진력을 내고 오른손은 라켓 버트를 회전시킨다. 라켓 버트가 임팩트 지점을 향해 스윙 궤도를 그리면서 피봇 동작을 통해 스트로크를 시작하면, 양팔은 몸을 가로질러 선을 그리게 된다.

그리고 오픈 스탠스와 중립 스탠스에서 양쪽 백핸드 스트로크를 구사할 수 있어야 한다.

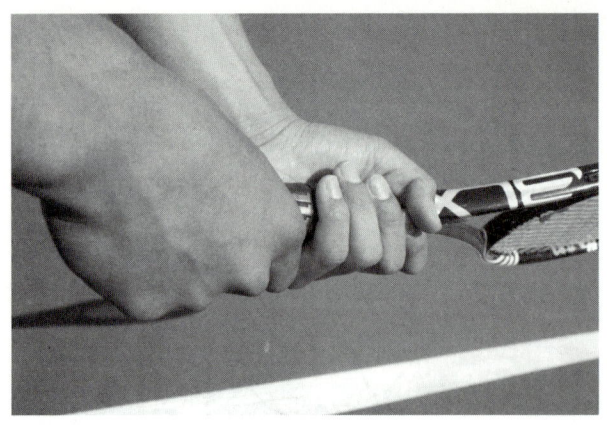

[그림 5-9] 콤비네이션 그립 3
위쪽 손 : 이스턴 포핸드, 아래쪽 손 : 이스턴 백핸드

아래쪽 손은 거의 이스턴 백핸드 그립에 가깝게 옮겨가면, 아래쪽 손이 더 많이 주도적 역할을 해야 한다.

아래쪽 손의 손목이 지렛대의 파워를 더 크게 생성하기 때문에 스트로크 시 팔이 끝까지 펴져야 한다. 이것은 쭉 펴진 아래팔이 파워를 만들어내면서 한 손 백핸드처럼 작동할 수 있다는 것을 의미한다. 임팩트 지점은 몸 앞에 정확히 위치하고 몸을 적절하게 사용함으로써 많은 이점을 얻을 수 있다. 이것이 안드레 애거시, 에브게니 카펠리코프, 뵈외른 보리, 크리스 에버트 등 많은 위대한 챔피언들이 사용하는 가장 강력한 그립 콤비네이션이다. 위쪽 손이 우세한 그립과는 다른 방식으로 손이 작동한다는 것을 이해해야 하며, 아래쪽 손은 몸쪽으로 들어오면서 라켓 버트를 회전시키고, 위쪽 손은 지렛대 역할을 하면서 파워를 전달하는 것이다.

거울 이미지 따라하기 스윙 훈련을 해 본다. 거울이나 창문에서 자신의 반사되는 모습을 보고 손은 라켓 무게와 피봇 동작을 느낄 수 있도록 편안하게 한 채로 스윙을 시작해 본다. 앞 장에서 소개되었던 타올 훈련을 통하여 양 손의 역할을 확인하고 스트로크의 원리를 이해하면 훨씬 쉽게 양 손 백핸드 스트로크를 익힐 수 있을 것이다.

코트 훈련 : 백핸드

• 타이밍을 맞춘다.

고전적이면서도 이전에 한 번쯤은 들어 보았을 이 방법은 모든 선수들에게 이 훈련이 도움이 될 것이다. "바운스-힛" 또는 "볼-바운스-힛" 타이밍을 좋게 하기 위해서 보고 듣고 느끼는 모든 감각을 사용하는 것보다 더 좋은 방법은 없다. 이 방법은 매우 간단하면서도, 누구나 흔히 생각하는 기초적인 훈련 방법이지만 "평범 속에 진리"가 있다는 것을 잊지 말아야 한다.

• 느낀다.

백핸드의 감각을 익히고 라켓을 인식하는 것이 일관성을 증가시키는 첫 번째 단계이다. 파트너를 찾거나 볼머신 혹은 백보드를 사용해 본다. 천천히 시작해서 대각선 방향과 라인 방향으로 모두 스무 번의 랠리를 할 때까지 연습하면 큰 효과를 볼 수 있다.

• 스핀을 준다.

스핀을 다양하게 해보자. 샷에 언더스핀과 톱스핀을 주어서 창의적으로 실행해 보고, 일관성 있게 볼이 떨어지는 모습이 보인다면 샷의 스피드와 스핀이 잘 조화를 이룰 때까지 파워를 줄여 연습해야 한다.

- 익힌다.

 백핸드에 대한 감각을 익혔으면 다음 단계로 올라서기 위해 타겟을 사용하는 것이 좋다. 대각선 방향과 직선 방향에 목표물의 크기와 위치를 다양하게 하여, 스무 개나 그 이상의 볼을 연속적으로 각각의 목표물을 향해 쳐본다. 결코 쉬운 것이 아니라는 것을 알게 될 것이다.

- 친다.

 마지막으로 백핸드에 파워를 실어주는 것이다. 정확하지 않고 일관성 없는 파워는 불필요하다는 것을 명심하고, 스윙과 볼을 컨트롤하는 법을 익히고 난 후, 조금씩 파워를 증강시키면서 백핸드 연습을 하는 것이 중요하다.

 스트로크의 이미지를 확립하기 위해서 그저 이 기술들에 대해서 읽기만 하는 것은 스트로크를 어떻게 적용할지에 대해 충분한 지침이 되지 않을지도 모른다. 중요한 것은 지금까지 기술한 정보를 받아들여서 한 번에 한 가지씩 꾸준히 연습해야 한다는 것이다.

 인내를 가지고 긍정적으로 받아들이면, 새롭고 더 나은 기술을 익히는 데 도움이 될 것이다. 결과에 중요한 것은 기초이므로 지금 투자하는 시간과 노력들이 훗날 보상을 받을 것이다. 오직 필요한 것은 정확하게 연습하고 열심히 노력하는 것이다.

제6장 위력적인 서브를 구사하는 방법

테니스 경기의 전체적인 발전과 더불어 서브에서도 과거에 비해 상상 이상의 파워와 컨트롤이 제공되고 있다. 서브에서 강력한 파워와 컨트롤이 만들어진 주된 요인은 선수의 신체적 발달, 과학기술에 의한 라켓 등 장비의 진화, 그리고 신체 움직임에 대한 과학적인 연구를 들 수 있다. 테니스의 과학화에 의해 오늘날 테니스 서브는 정확성과 더불어 시속 225km를 넘는 스피드를 발생시켜 경기에서 강력한 무기가 되었다. 특히, 최고의 선수들은 강력한 서브, 많은 회전의 슬라이스와 킥 서브, 느린 스피드의 체인지업 서브 등을 상황에 따라 적절히 구사하면서 서브의 위력을 배가시키고 있다. 또한 서버 위치의 변화를 주기도 하는데 퍼스트 서브 위치를 미세하게나마 변화를 주는 것이다. 이와 더불어 서브 코스도 센터와 사이드의 다양한 코스를 선택하여 상대가 공격의 주도권을 확보하지 못하도록 하는 등, 서브의 다양한 변화가 시도되고 있다. 이와 같은 강력한 서브를 통해 자신의 서브권을 지키는 것은 경기에서 승리하기 위한 최적의 방법으로 간주되고 있다.

특히, 강력한 서브는 서브 그 자체 이상의 이점을 제공한다. 대표적인 선수가 피트 샘프라스인데 그의 서브는 시속 225km에 미치지 못했지만 서브를 바탕으로 가장 우세한 경기를 보여주었다. 샘프라스는 서브와 발리 능력의 환상적인 조합으로 세계 정상에 등극하게 되었다. 즉, 서브의 속도, 회전(스핀), 각도, 정확성을 겸한 위력적인 서브를 바탕으로 좀 더 결정력 있는 발리를 함으로써 최고 선수로 자리매김 하였다.

대회 규모에 상관없이 우승자의 경기를 보게 되면 서브를 통해 위기를 극복하는 것을 봤을 것이다. 이들이 위기를 극복하는 것은 단순히 서브 스피드에 의존하는 것이 아니다. 중요하고 결정적인 순간에 서브 스핀과 타구 방향을 창의적으로 만들어 리턴하는 상대가 예측할 수 있도록 만들곤 한다. 또한, 훌륭한 선수는 서브에 이은 발리의 기회를 예상하고 적절한 행동을 취하게 된다. 서브 공격의 전략적 기법과 할 수 있다는 자신감, 그리고 그것을 실천할 수 있는 적절한 움직임으로 상대를 제압하는 경기를 수행할 수 있다.

- 최상급 선수들의 서브 방법은? : 운동역학의 원리 이해

테니스계에서 최상위 랭킹에 포함된 선수들의 서브 기술을 비교한다면, 공통적인 특성과 함께 다양한 기술을 가지고 있다는 것을 볼 수 있다. 특히, 최고의 서브를 보유한 선수들은 본질적이고 핵심적인 면에서 거의 동일해 보인다. 이것은 우연의 일치가 아니다. 선수들이 역학적인 운동 원리를 바탕으로 서브 동작을 지속적으로 개발해왔고 개인의 능력 내에서 가능하다 여겨지는 최상의 서브 동작을 구사하는 노력을 해왔기 때문이다.

서브는 개념적인 동작이다. 때문에 개인의 느낌과 해석에 따라 달라질 수 있다. 특히, 테니스에 있어서 서브 동작은 다른 스트로크 동작에 비해 개인마다 수행 방법이 다양하다. 어떤 방식으로 서브를 구사하든 선택권은 개인에게 주어지지만 자신의 잠재력을 최대한 발현시켜, 최상급의 선수들과 같이 강력한 서브 동작을 개발하는 것이 필요하다. 그렇다면 최상급의 선수들은 어떤 동작으로 서브를 구사하는가?

테니스 코치들이 서브 동작을 설명할 때 자주 언급하는 것이 야구의 투구 동작이다. 야구공을 던지기 위한 어깨와 팔과 같은 신체 움직임의 운동역학적인 관계는 에너지의 연결(운동 사슬: kinetic chain)로 정리할 수 있다. 이는 에너지가 어깨의 역학적인 운동에 의해 팔로 전달되어 최종적으로 볼에 전달되는 움직임의 연속성을 의미한다. 또한, 움직임의 연속성 측면에서 팔과 흉부 근육에서의 유연성은 에너지를 생성하고, 채찍질처럼 에너지의 전이가 확장되어 방출되는 것을 도와준다.

위력적인 서브가 되기 위해서는 파워를 발생시켜야 한다. 이를 위해서는 서브에 대한 기존의 관점에서 벗어나야 한다. 서브는 토스된 볼이 목표물이며, 이 목표물을 히팅하기 위한 동작으로 "상향 히팅"이 필요하다. 목표물을 향한 상향 히팅에서 세부적인 동작을 살펴보면, 전완의 회내와 손목의 스냅을 만들어내면서 임팩트 순간 라켓 팔을 곧게 펴는 동작이 이루어져야 한다. 따라서 강력한 파워 서브로 발전시키기 위해서 "상향 히팅" 기술 개발에 중점을 두어야 한다.

상향 히팅을 위해 역학적 에너지를 전이시키는 기능을 습득해야 한다. 서브 동작에서 토스와 함께 엉덩이를 전방으로 내밀고 어깨를 뒤로 약간 기울임으로써, 인체가 장대와 같은 탄성에너지를 저장하는 서브 자세를 취할 수 있어야 한다. 이러한 상태에서 엉덩이 관절을 축으로 하는 상체의 굴곡은 지면에서 몸을 들어올리기에 충분한 에너지를 만들어낸다.

엉덩이관절의 굴곡과 동시에 라켓을 잡은 팔은 어깨 회전을 시작하고 라켓의 스윙 기술을 주도한다. 라켓을 잡은 팔은 위로 회전시키면서 상체를 타점(목표물)으로 향하도록 잡아당기는 기능을 한다. 볼과 라켓면이 접촉하는 순간 어깨가 땅과 거의 수직이 되는 자세로 회전하는데 라켓을 잡은 팔의 팔꿈치는 임팩트에 매우 중요하며, 이 팔의 분절이 차례로 타점을 향해 곧은 궤도로 나간다. 이렇게 몸통부터 라켓의 팔이 순차적으로 움직임으로써 나오는 에너지는 라켓 헤드로 전달된다. 이 때 라켓을 잡은 팔은 유연하고 편안하게 라켓의 움직임에 기여하며, 임팩트 순간에 손목 스냅을 만들어 내기 위해 곧게 편다. 여기서 중요한 것은 자연스러운 힘의 전달이다. 만약 강한 서브를 넣기 위해 의식적으로 전완의 근육을 사용한다면, 움직임의 연속에서 발생되는 에너지를 효율적으로 라켓 헤드에 전달시키지 못한다.

올바른 그립 잡기

위력적인 서브를 구사하기 위해 그립을 올바르게 잡는 것은 매우 중요하다. 일반적으로 동호인들이 포핸드 그립을 사용하여 서브를 구사하는 장면을 종종 목격하게 되는데, 이 그립의 경우 임팩트를 위한 라켓 면을 만들기는 편할 수 있다. 하지만, 임팩트 순간 라켓의 움직임을 아래방향으로 만들어내는데 필요한 손목 움직임(굴곡)과 전완의 회전(회내)이 제한되어 위력적이고 확률 높은 서브를 만들어 내지 못하게 된다.

임팩트 순간 가장 중요한 손목 움직임을 위해 컨티넨탈 그립을 사용하는 습관을 가져야 한다. 더 많은 회전을 만들어 내기 위해 서브 그립을 약간 백핸드 쪽으로 돌려 잡을 수도 있으며, 이는 라켓 헤드의 각도를 바꿔준다. 이렇게 백핸드 쪽으로의 그립 전환, 컨티넨탈 그립 등의 다양한 변화를 통해 서브의 회전을 더욱 가속시킬 수 있게 된다.

 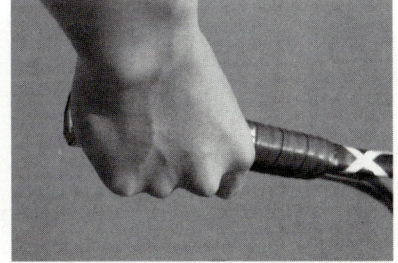

[그림 6-1] 컨티넨탈 그립

토 스

플랫 서브와 다양한 스핀 서브를 위한 타점의 위치는 서브의 종류에 따라 다르다. 일반적으로 플랫 서브의 타점은 몸통을 상대 코트로 회전 시켰을 때 라켓 팔의 어깨 위가 되며, 플랫 서브를 기준으로 스핀서브는 왼쪽, 슬라이스 서브는 오른쪽으로 이해하면 쉽다. 서브 종류에 따라 토스가 다를 수 있지만 볼은 코트 내부로 던져져야 한다. 또한 모든 종류의 서브를 성공적으로 수행하기 위해서는 볼을 정확하게 토스하는 제어능력을 가지고 있어야 한다.

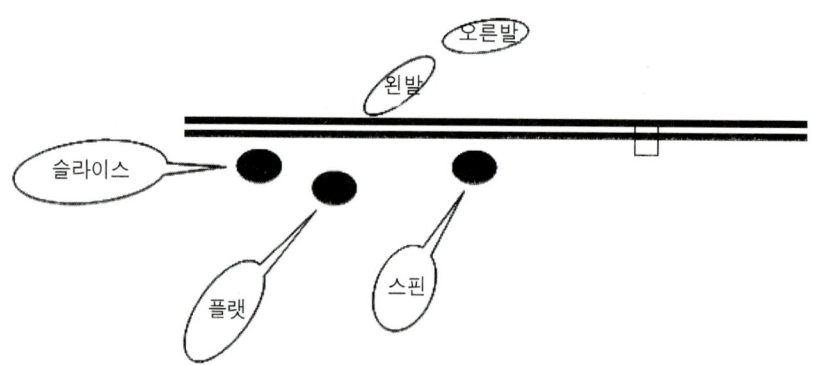

[그림 6-2] 서브 종류에 따른 토스 위치

그러면 토스 높이는 어느 정도를 해야 이상적인가? 여러 의견이 있을 수 있으나 테니스 서브의 이상적인 토스 높이는 개인의 움직임 속도와 박자에 맞추는 것이 중요하다. 일반적인 리듬은 "토스-히트"의 리듬이며, 토스 높이와 그에 따라 취해야 되는 동작과의 타이밍을 일치시키는 것이다.

토스-히트

토스-히트의 용어가 생소하게 여겨질 수 있으나 토스-히트 리듬은 토스 순간과 임팩트 순간 사이의 시간을 말한다. 즉, 토스가 높으면 히팅 준비 자세를 다소 느리게 취해야 하고, 낮은 토스일 때는 빠르게 히팅 준비 자세를 취해야 한다. 이때 자신의 토스 높이에 따라 토스-히트 리듬을 일관성 있게 유지하는 것이 중요하다.

토스 높이와 위치가 일관성을 갖지 못하면, 움직임은 흐트러져, 적절한 타이밍을 놓치게 된다. 따라서 일관성 있는 토스를 위해 연습을 많이 해 주어야 한다. 그런 다음 적절한 토스-히트 리듬을 찾아야 한다. 토스 순간과 임팩트 순간 사이의 타이밍을 일정하게 유지할 수 있도록 다양한 시도가 이루어져야 한다.

최적의 토스-히트 리듬을 만들기 위한 연습은 토스하면서 "토스", 임팩트 순간 "히트"라는 구령을 사용하는 것이며, 가장 적합한 타이밍을 찾아 익숙해질 때까지 반복하는 것이 필요하다.

사실 토스 자체는 간단한 동작이다. 그럼에도 불구하고 토스에 어려움을 느끼며 스트레스를 받는 경우도 종종 있다. 이런 경우 토스에 필요한 움직임 일부분을 생략한다면 더 나은 제어 능력을 갖게 될 것이다. 즉, 토스를 위한 움직임을 단순화 시킨다면 지금보다 더 편안하고 정확한 서브를 구사할 수 있다. 이는 우리가 일상생활에서 종이컵을 휴지통에 던져 넣을 때 투수처럼 큰 동작을 취하지 않고 안정된 자세에서 팔꿈치만 이용하여 정확히 넣는 것처럼 말이다.

정리하면, 토스하는 팔을 곧게 펴고 손목을 고정시킨 채로 하나의 단위처럼 움직여 자신의 눈높이에서 볼이 토스되어야 한다. 이때 엄지손가락과 나머지 손가락 사이에 볼을 올려놓고, 가급적 볼의 회전을 적게 하여 토스하도록 연습한다.

선상에 서기

테니스 규칙은 볼이 임팩트 되기 전에 발이 베이스라인을 밟지 않아야 한다. 따라서 서브 동작과 관련하여 다양한 자세 변화를 취할지라도 동작 중에 균형을 유지하여 풋 폴트를 범하지 않으면서 최적의 지면반력을 이용해야 한다. 이를 위해 앞발은 서버를 기준으로 우측의 네트 기둥을 향해 서며, 뒷발은 앞발의 뒤꿈치와 나란히 하여 앞발과 직각으로 위치시키는 것이 일반적인 자세이다. 이러한 자세는 토스와 함께 이루어지는 뒷발로의 체중 이동시 상체의 꼬임에 유리하며, 히팅 준비를 하는데 있어 탄성에너지의 저장에 도움을 준다.

히팅 준비

강력한 파워 서브를 만들어 내는데 중요한 시기는 몸을 압축시키는 히팅 준비 단계이다. 이 단계는 상향 타구 동작의 메커니즘을 실현시키기 위한 잠재 에너지를 만들고 저장하는 과정이기 때문이다. 상체의 유연함과 적절한 무릎 구부림을 통한 자세가 서브의 타점을 향해 추진하는 에너지원으로 활용된다. 히팅 준비의 최종단계에서는 앞발에 중심이 실려 있는 안정된 자세가 필요하다. 또한, 왼팔은 토스된 볼을 가리키고, 라켓 팔은 팔꿈치를 구부리며, 지면에 대해 라켓이 위로 세워져 있는 자세를 취하는 것이다.

여기서 주의할 것은 폭발적인 서브만을 의식해서 지나치게 무릎을 구부리는 동작이다. 이는 하지의 근력이 약하거나 적절한 타이밍에 익숙하지 않은 초, 중급자에게는 안정적인 균형을 잡을 수 없게 만든다. 움직임 측면에서 무릎의 지나친 구부림은 굽혀진 엉덩이 관절을 신속히 펴는데 오히려 방해를 가져올 수 있다.

[그림 6-3] 서브의 토스 후 동작

올바른 타점

타점을 향한 조준과 준비가 끝난 히팅 준비 자세에서 임팩트를 위한 첫 번째 과정은 지면을 차며 엉덩이 관절을 쭉 펴 둔부를 코트 안으로 보내는 일련의 동작이다. 이와 같은 동작은 신체를 활처럼 휘게 만들어 파워 있는 임팩트를 위한 에너지 저장 요소로 작용한다. 최고의 선수들이 서브할 때 공중에 떠있는 모습을 보게 된다. 이런 장면은 엉덩이 관절의 폭발적인 폄 동작을 통해 수직이륙 함으로써 만들어진다. 이러한 자세의 확인은 임팩트 이후 신체가 앞으로 숙여지면서 자신의 왼발이 코트 안에 착지되는지를 통해 판단할 수 있다.

서브의 임팩트는 항상 머리 위에서 이루어진다는 것을 명심해야 한다. 편안한 자세로 임팩트 순간까지 볼에 시선을 유지시킨다. 위에서 떨어지는 볼을 정확하게 히팅하기 위해서, 자신이 설정한 서브 동작의 안정성을 제어하고 유지하기 위해서, 시선은 타점을 향해 끝까지 고정시켜야 한다.

서브는 자신의 라켓으로 볼을 히팅하는 것이다. 따라서 라켓의 올바른 움직임이 필요하고 이러한 라켓의 움직임을 위해 서버는 동작을 만들어 줘야 한다. 강력한 파워 서브를 만들어 내기 위한 라켓의 움직임이 필요하다. 이를 위해 가능하면 긴 거리에서 빠르게 가속시키면서 최대한 볼을 비껴 치지 말고 정면 충돌을 만들어야 한다. 이러한 라켓의 움직임을 만들기 위한 몇 가지 중요한 동작이 있다. 첫 번째 동작은 서버의 신체가 볼을 향해 위로 올라갈 때 라켓은 등 뒤쪽으로 쳐지게 하는 것이다. 이러한 동작은 지면과 몸통에서 만들어진 충분한 에너지를 라켓 팔로 전이시키게 된다. 두 번째 동작은 쳐진 라켓의 빠른 가속을 위해 어깨를 강하게 회전시키는 것이다. 이는 서버의 어깨 근력과 관련이 있다. 이 때 주의 할 것은 어깨 회전은 팔꿈치를 이끌어야 한다는 점이다. 즉, 어깨 회전을 통해 먼저 팔꿈치가 타점을 향해 리드 되는 것이고, 그러한 팔꿈치 가 손을, 그리고 마지막으로 라켓의 헤드 스피드를 만들어 내는 것이다. 끝으로 전 완의 회내와 손목의 굴곡 동작이다. 컨티넨탈 그립으로 그냥 편하게 휘두르면 임팩트 순간 라켓면이 보내고자 하는 방향을 가리키지 않는다. 즉, 볼을 정면 충돌 시키지 못해 결과적으로 볼

[그림 6-4] 서브의 포워드 스윙

[그림 6-5] 서브의 피니쉬

에 강한 충격을 줄 수 없다. 이것을 해결하는 동작이 전완의 회내 동작이다. 이와 함께 손목을 굽히는 강한 굴곡 동작이 필요하다. 이

는 최종적으로 라켓 헤드의 스피드를 높여주며, 볼에 순회전을 만들어 서브의 속도와 확률을 높이는 역할을 한다.

반복적인 연습

휙 하는 소리 만들기

가끔, 볼 없이 서브 연습을 할 때가 있다. 이 때 무엇에 중점을 두어 실시하는가? 혹시 임팩트 순간의 정지 자세를 확인해 보지는 않는가? 하지만 스윙의 중요한 요소는 자연스러운 일련의 연속된 과정이다. 따라서 연습 스윙을 할 때 '휙'하는 소리를 확인해 보면, 기본적으로 라켓의 헤드 스피드를 확인할 수 있다. 또한 '휙' 소리는 헤드 스피드가 어디에서 최고가 되는지를 확인 할 수 있다. 위력적인 서브를 만들기 위해서 라켓의 헤드 스피드는 임팩트 전에 최고가 되어야 한다. 이 때 공기를 가로지르는 '휙'소리가 나야 올바른 동작으로 수행하고 있다고 할 수 있다. 가능하면 자신의 머리 위에서 타점 전에 '휙'하는 소리를 만들도록 연습해야 한다.

투구 연습

야구 투구를 응용해 본다. 먼전 서비스 라인에서 시작하여 베이스 라인까지 거리를 늘려가며 캐치 볼을 한다. 이 때 점점 더 빠르게 투구할 수 있도록 노력한다. 여기서 어깨를 돌려 양 어깨가 파트너와 일직선이 되는지, 가슴은 펴진 상태에서 팔꿈치가 뒤를 향하는지 확인해야 한다. 다음으로 투구의 목표를 위로 향하게 해본다. 최대한 위로 볼을 던질 수 있도록 해본다. 이 때 힘을 만들어 내는 것은 엉덩이 관절을 빠르게 펴는 것이다. 또 다른 연습방법은, 양 손에 볼을 쥐고 한 손의 볼을 토스하고 반대쪽 손의 볼로 토스된 볼을 맞추는 연습을 한다. 이때 토스된 볼이 가상의 타점 지역보다 아래로 떨어지지 않도록 리듬을 맞춰야 한다.

균형 유지

히팅 준비 자세에서 올바른 자세를 유지하는 것은 에너지 저장과 발산을 위해 중요하다. 실제 서브와 같이 볼을 토스하고 그 볼이 바닥에 떨어져 튀어 오를 때까지 체중은 앞발에 위치시킨다. 이 때 엉덩이를 아래로 늘어뜨리되, 라켓은 하늘을 향해 세운 상태를 유지한다. 이 때 체중을 지지하는 다리가 떨리지 않으면서 지면에 자리하도록 만든다. 이러한 균형 잡는 연습도 중요하니 자주 연습하도록 한다.

제7장 서비스 리턴의 효율적인 방법

강력한 서브가 공격의 출발점이라면 수비의 출발점은 강력한 서브를 받아내는 리턴이다. 리턴이 되지 않으면 경기 자체가 진행되지 않음으로 최신 테니스에서 파워 있는 서브에 대항하는 리턴의 중요성은 점점 더 높아지고 있다. 상대의 강력한 서브를 0.5초 안에 파악하고 반응하여 실행할 수 있는 리턴에 대한 계획이 있어야 한다. 이 장에서는 강력한 서브를 두려워하지 않고 대응할 수 있는 마음가짐부터 서브를 받아내는 전략, 전술 및 테크닉에 대해 설명한다.

서브 리턴의 첫걸음

상대 플레이를 읽도록 한다.

최상급 리터너들은 서버의 모든 움직임을 예측하면서, 서버의 전략적 계획을 컴퓨터 해킹하듯이 상대 플레이 스타일을 읽어내는 능력을 가지고 있다. 경기의 처음 몇 게임 이내에 서버가 움직이는 동선을 파악하여 상대의 타이밍과 박자를 빼앗으려고 노력한다. 중요한 것은 경기 이전에 상대가 포인트를 얻을 때의 기록들을 조사하여 예상되는 방향이나 경향을 알아보는 것이다. 우수한 리터너들은 특정 서버가 선호하는 서브종류를 파악하고 상대 서버가 어려워하는 코트위치로 공격한다.

모든 수단을 동원하여 경기에 임하기 전 상대 선수의 서브 특성을 파악하여 리턴의 효율성을 높여야 한다. 또한 사전에 상대 서버에 대한 지식이 없더라도 경기초반에 상대 서버의 특성을 빨리 파악하려는 마음가짐이 꼭 필요하다.

인이나 아웃을 정확하게 판별해서 말을 한다.

프로가 아닌 일반 동호인 경기에서는 라인의 인(in)이나 아웃(out)을 확인하는 라인심판이 있는 경우는 매우 드물다. 리터너는 리턴에 집중하면서 상대 서브가 인인지 아웃인지의 여부를 결정할 수 있어야 한다. 경험을 통해 이 기술을 향상시킬 수 있다.

상대 서버의 서브가 아웃된 것을 보자마자 빠르게 결정해서 서버가 리터너의 콜을 의식하도록 해야 한다. 서브가 들어오지 않으면 팔이나 검지손가락을 들어 올리는 제스처를 보내거나 큰소리로 콜을 해 준다. 서브에 대해 리터너가 즉시 판단하지 못한다는 것을 서버가 느끼게 해서는 안된다. 만약 자신있게 콜을 하지 못하면 상대는 리터너에게 어필할 뿐만 아니라 리터너가 페어플레이를 하지 않는다고 생각할 것이다. 때로는 정확한 판단을 하기가 어렵기 때문에 의도하지 않게 오심으로 이끄는 경우도 있으며, 승리에 너무 집착하여 라인 콜을 속이는 경우도 적지 않게 목격하게 된다.

선수들은 흔히 볼이 라켓에 닿는 순간의 느낌으로 서브가 성공인지 아닌지를 안다. 서버가 볼을 치는 순간 그 볼이 안으로 들어왔는지 여부를 볼 수 있을 뿐만 아니라 느낄 수도 있다. 만약 반복적인 오심 콜을 외치면 상대도 그것을 알고 있다는 것을 기억해야 한다. 또한 오심 콜을 반복하는 패턴을 만들면 상대도 똑같이 오심 콜을 할 가능성이 높다.

결론적으로, 경기를 솔직하게 진행하는 것이 기본이며 상대 서브의 인 아웃을 정확하게 판별할 수 있도록 주의 집중하는 것이 필요하다. 또한 게임에서 부정행위자와 싸우려고 하지 말고, 상대가 오심 콜을 의도적으로 한다는 생각이 들면 심판을 요청한다.

리턴 직전의 마음가짐

서버는 매번 서브 직전에 볼을 몇 차례 튕기는 등의 일종의 의식을 수행한다. 서버는 리터너가 준비되었는지를 확인한 후, 어떤 서브를 넣을 것인지에 대한 마지막 결정을 내린다. 반면 리터너도 서버의 모든 움직임을 연구하고 비슷한 의식을 준비한다. 리터너는 양 옆으로 흔드는 동작과 제 자리에서 한번 뛰어 오르는 동작으로 서버의 서브를 받아낼 준비를 한다. 서버가 볼을 토스하면 리터너는 앞으로 움직이기 시작한다. 이는 상대의 강력한 서브에 대한 반작용의 원리를 적용하기 위함이다.

경기에서 서브를 하기 전, 리터너는 서버의 동작을 예측하는 것이 좋다. 서브가 시작 되면, 리터너는 모든 상황을 읽고, 계획에 따라 반응하면 된다. 최상급의 선수들이 서브 리턴을 하기 전에 스스로에게 묻는 질문들을 정리하면 다음과 같다.

- 퍼스트 혹은 세컨서브를 고려하여, 공격적 혹은 방어적으로 리턴 할 것인가?
- 서버가 서브 앤 네트플레이를 전개할 것인가?
- 어떤 방향으로 스트로크 할 것인가? - 다운더미들, 다운더라인 또는 크로스
- 리턴 후 전위플레이를 할 계획인가 혹은 베이스라인 플레이를 할 것인가?
- 상대에게 압박을 가하여 상대의 서브 선택에 영향을 줄 것인가?

이 질문에 대한 답을 통해 리터너의 반사작용이 신속히 이루어지고 보다 옳은 결정에 이르게 된다. 또한 어떤 상황이 전개되기 전에 동작을 예상할 수 있는 능력을 제공해 줄 것이다.

서버의 사고과정 이해하기

리터너로서 예측 기법을 향상시키기 위해서는 서버의 사고과정을 이해해야 한다. 경기 초반 상대의 서브에 대응할 수 있는 리턴 전략이 필요하다. 만약 경기 초반에 상대 서브를 브레이크하지 못하더라도 좌절하면 안된다. 왜냐하면 경기에서 승리하기 위해 필요한 것은 한 번의 서브 브레이크이기 때문에 계속해서 서브를 브레이크 할 수 있는 정보를 포기하지 말고 계속 수집해야 한다. 서버의 사고과정을 수준별로 살펴보면 다음과 같다.

서버의 특성 파악하기

▶ 단계 1 : 세컨 서브 성질 파악하기

서버가 퍼스트 서브를 넣고 네트로 대쉬없이 인 아웃만 확인하고 세컨 서브를 서비스 지역에 그저 볼을 밀어 넣는 식으로 서브하는 선수가 있다. 이러한 전략을 사용하는 선수들은 서브에 자신감이 없거나 서브를 전략적으로 이용하지 못하는 선수들이다.

이러한 유형의 선수들은 퍼스트 서브가 대다수 폴트이고, 서브 성공률은 현저히 낮다. 또한 리터너가 세컨 서브를 많이 받아보았기 때문에 같은 패턴의 서브를 리턴하는 것은 쉽다. 이러한 유형의 서버에게 리터너가 약간의 압박을 가한다면 아마도 쉽게 상대의 더블-폴트를 유도할 수도 있을 것이다.

▶ 단계 2 : 서버는 리터너의 취약점으로 공격한다.

서버가 리터너의 약점을 알고 공격하는지를 인식하는 것이다. 서버가 흔히 리터너의 백핸드가 약할 것이라고 추측하고 오직 리터너의 백핸드를 향해 서브를 집중시킨다. 이 때 리터너가 백핸드 리턴을 효과적으로 수행하지 못하면 서버는 계속해서 백핸드로 서브할 것이다.

▶ 단계 3 : 위치의 변화

3단계 수준은 여전히 퍼스트 서브의 성공률이 낮고 세컨 서브에 의존하면서, 리터너의 취약점을 예측하여 위치를 계산적으로 변화시킬 줄 아는 서버이다. 서브속도는 여전히 변화가 없으면서 위치만 변화되기 때문에, 리턴 타이밍을 맞추기가 그리 어렵지 않다.

이정도 수준의 서버들은 리턴의 범위도 어느 정도 인지할 수 있는 능력을 가지고 있다.

▶ 단계 4 : 강력한 서브(속도, 회전, 위치)에 직면한 경우

리터너는 상대의 강력한 서브와 직면해 있다. 만약 서버가 경기에서 속도, 회전 그리고 위치를 다양하게 변화시켜 가면서 퍼스트 서브 성공률을 높게 유지한다면, 리터너는 이를 극복하기가 상당히 어렵다.

다양한 코스로 서브를 구사하는 서버의 능력은 리터너로 하여금 어느 쪽을 대비해야하는지 불확실하게 만든다. 퍼스트 서브의 속도와 회전의 변화무쌍함은 리턴의 타이밍을 맞추기가 매우 어렵다. 즉 서버는 리터너가 회전없는 강한 서브를 예상하고 있다는 것을 알아차리면, 서버는 스핀을 주어 서브의 효율성을 높일 것이다.

효과적이고 정확한 세컨 서브 능력을 가진 서버는 퍼스트 서브를 다소 공격적으로 전개할 수 있다. 방어적인 마음자세로 준비하고 있는 리터너에게 퍼스트 서브에 대한 중압감은 커지게 된다. 그러나 이와 반대로 세컨서브에 대한 압박은 서버에게로 넘어간다. 왜냐하면 서버는 더 이상 폴트하면 안된다는 중압감에 사로 잡히는 반면에 리터너는 세컨서브에서 보다 공격적인 자세를 취하기 때문이다.

서버 시선과 리턴 전략

서버가 서브하기 전에 리터너를 한번 살펴보는 것은 리터너가 경

기할 준비가 되어 있는지를 확인하고, 또한 리터너의 코트 위치도 파악하여 서브의 종류와 코스를 결정하기 위함이다.

처음 몇 게임 동안 서버는 리터너에 대한 정보를 수집하고 데이터를 입력한다. 서버는 리터너가 어느 지점에 치우쳐 있는지를 먼저 확인한다. 또한, 리터너가 측면으로 움직이면서 리턴하는지, 혹은 전후로 움직이면서 리턴 하는지를 분석한다.

리터너는 리턴시 거의 모든 서브를 받을 수 있도록 리턴 영역의 중간(중립) 지점에 위치한다. 그러나 서버는 차츰 리터너의 중립적 코트 위치에 익숙해져 서브 선택의 압박감에서 벗어나게 된다. 따라서 리터너는 간혹 리턴의 위치에 변화를 주게 되면 상대 서브에 영향을 미칠 수 있다.

- 영향력

리터너는 서브시 서버의 특정 행동습관을 파악하면 서브의 종류나 코스를 예측할 수 있다. 예를 들면, 서버가 서브시 어떻게 서 있는지, 토스를 어떻게 조절하는지, 혹은 서버가 특정 서브를 하고자 할 때 어떻게 자리를 잡는지 등을 파악하는 것이다.

서버가 제한된 위치로만 서브하거나 예측 가능한 특정 행동습관을 제공하면, 리터너는 보다 많은 기회를 만들어 낼 수 있다. 예를 들어 서버가 각을 만들어 내는 서브에 어려움이 있고 센터로 서브하면, 리터너는 센터쪽에 위치하여 플레이하면 된다. 이는 서버로 하여금 각을 만들어 내는 서브와 코트에 대한 중압감을 갖게 하여 서브에 대한 부담감을 가지게 할 수 있다.

● 미끼와 전환

서버의 시선을 속이기 위해 리터너의 위치에 변화를 준다. 그러면 서버가 토스 전에 리터너의 위치를 확인하고 어느 코스가 유리한지를 판단할 것이다. 이는 서버에게 와이드 에이스를 택하도록 도전을 부추기면서 리터너가 T자 위치 근처를 노리고 있다는 것을 느끼게 해줄 수 있다. 그러나 서버가 토스한 후 시선이 볼에 머무르는 순간, 리터너는 서브코스를 예측하여 중립적 위치로 이동한다. 비록 서버가 이러한 미끼를 취하지 않고 T자 위치로 볼을 보내더라도 리터너는 중립적 위치에서 플레이 하기 때문에 리턴이 가능하다. 일반적으로 리터너가 시작하는 위치를 중립의 좌 혹은 우로 바꿀 때, 서버는 리터너의 눈속임을 파악할 수 있게 되기 전 까지는 열어 둔 코트를 선택하는 경향이 있다.

또한 리터너가 중립의 위치에서 베이스라인 뒤로 물러나면, 서버의 강력한 퍼스트 서브를 리턴하는 시간적 여유가 생길뿐 아니라 서버가 더 많은 각도와 회전을 주도록 유도하기도 한다. 이와 반대로 리터너가 서비스 라인 쪽으로 한 걸음 또는 두 걸음 가깝게 위치하면 서버는 리터너를 제압하기 위해 보다 강한 서브를 시도하게 되어 폴트를 유도할 수 있다. 그러나 경험이 많고 수준이 높은 테니스 동호인은 그간 여러 종류의 속임수를 보아 왔기 때문에 이러한 미끼를 잘 물지 않는다.

분명한 것은 코트의 위치 전술을 아껴서 사용하고 상대방이 감지하기 어렵게 만드는 것이 중요하다. 만약 너무 자주 사용하면 서버에게 그다지 영향을 주지 못한다. 이러한 전략들은 가장 중요한 순간을 위해 자주 사용하지 않는 것이 좋다.

서브 기법을 읽는 방법

서버의 스탠스, 볼의 토스, 스윙의 조절 또는 베이스라인에서의 위치 변화 등을 통해 서버의 한계나 서브의 의도를 알 수 있다.

서버의 스탠스를 파악한다.

만약 서버의 앞발이 베이스라인과 평행인 스탠스라면, 서브 시에 지면에서 떨어지는 발을 보아야만 한다. 만약 서버의 몸이 완전하게 회전한다면, 서버의 몸은 마지막에 네트를 향하게 된다. 만약 서버가 지면에서 발이 떨어지지 않고 완전하게 회전한다면, 특정 위치에 서브하는 것은 어려울 것이다.

오른손잡이 서버가 듀스코트로 서브할 때, 지면에서 발이 떨어지지 않으면서 어깨 회전이 되지 않는다면 서브코스는 듀스코트의 센터부분이 될 것이다. 이러한 스탠스 문제가 있는 왼손잡이 서버에게는 물론 반대 현상이 나타날 것이다.

서버의 앞발이 보다 네트 기둥을 향하면서 몸이 네트를 향하면, 서브를 예상하기가 어렵다.

서버의 토스를 파악한다.

슬라이스, 킥, 그리고 플랫 서브를 위한 토스가 동일한 서버와 경기하지 않는다면, 일반적으로 토스되는 위치에 따라 서브를 예상할 수 있다.

리터너가 서버의 플랫서브 토스 모양을 알고 있으면, 이것을 기준으로 사용하면 된다. 만약 오른 손잡이 서버가 플랫 토스의 왼쪽으로 토스하면, 센터부분을 향할 것이고, 오른쪽이면 포핸드 쪽을 향하는 슬라이스 서브를 예상할 수 있다. 서버가 항상 이런 방식으로 토스하지는 않지만 이를 유용하게 사용할 수 있다.

♣ 서브-앤드-발리에 대응하는 서비스 리턴

- 강력한 서버들은 흔히 퍼스트나 세컨 서브 후에 네트 플레이를 한다. 리터너는 포인트를 미리 계획하여 서브-앤드-발리 공격에 대응하는 것이 중요하다. 서브-앤드-발리 공격을 극복하기 위한 방법은 다음과 같다.

1. 샷의 선택 : 깊은 크로스 리턴보다는 서버의 발 밑, 다운더라인, 그리고 앵글을 이용해야 한다.
2. 스트로크 선택 : 탑스핀 드라이브 보다는 첫 발리가 어렵도록 슬라이스, 칩핑, 그리고 블락킹을 사용하라. 서버의 발밑에서 오는 첫 발리는 위력이 없다.
3. 다양한 코트 위치 : 서브-앤드-발리어는 서브 후 첫 발리 전에 시간을 벌기위해 네트로 몇 걸음을 움직이고 타구 전 스플릿스텝을 한다. 리터너는 서버와의 거리를 앞뒤로 움직이면서 리턴하면 서버의 발리 타이밍을 어렵게 만들 수 있다.
4. 패싱샷 혹은 연결샷을 생각한다 : 매번 리턴에서 패싱샷을 해야 된다는 중압감을 느낀다면 아마 많은 실수를 하고 말 것이다. 첫 리턴은 연결구로 연결하고 좋은 위치에서 제2 혹은 제3의 패싱샷을 하는 것이 좋다.

♣ 베이스라이너에 대응하는 서비스 리턴

- 서버가 서브 후 네트로 들어오지 않는다면 랠리가 계속 이어질 것이다. 만약 서버와 리터너 모두 오른손잡이 일 때, 서버가 듀스코트에서 사이드 라인 바깥쪽 깊은 서브로 리터너를 코트 밖으로 유도한다면, 리터너는 크로스로 리턴하여 다음 샷을 준비하기 때문에 포핸드 대 포핸드 크로스 코트 랠리 패턴이 만들어지기 쉽다. 상대의 볼이 짧아질 때 역으로 다운더라인과 크로스 양 코너를 노릴 수 있는 기회를 가질 수 있다.

리턴의 자세

서브는 공격의 시작이고 리턴은 방어의 시작이다. 서버는 파워 있게 다양한 코스로 서브를 한다. 리터너가 해야 하는 것은 실수를 하지 않고 상대 서버에게 다시 볼을 보내 경기가 지속되도록 하는 것이다. 물론 강력한 서버와 상대할 때는 쉬운 과제는 분명 아니다. 리터너의 목표는 상대의 서브(무기)를 무기력하게 만들고 포인트를 얻는 것이다. 그런데 강력한 서브를 구사하는 선수들이 항상 모든 경기에서 왜 이기지 못하는가? 흔히 훌륭한 서버들도 서브 이외의 부분에서 취약하기 때문이다. 따라서 리터너는 서버에게 좋은 볼을 주지 않을 정도로 리턴하고 랠리를 통해서 상대를 압도하는 것이 보다 쉽다. 너무 공격 지향적인 사고방식과 퍼스트 서브 리턴으로 포인트를 얻으려는 것은 많은 실수가 따른다. 이것은 절대 올바른 전략적 사고방식이 아니다.

리턴은 자연스러운 반사작용이 이루어지도록 그라운드 스트로크를 단순하게 하여 타이밍을 맞추는 것이 중요하다. 리터너는 간결한 드라이빙 리턴뿐 만 아니라 블로킹, 칩샷 그리고 슬라이스 등 다양한 샷을 구사해야 한다. 그러면 서버는 보다 공격적인 위치로 움직이거나 보다 강한 서브를 시도하게 되어 퍼스트 서브의 폴트를 유도할 수 있다. 서버의 세컨 서브는 리터너가 주도권을 가질 수 있는 최고의 찬스이다. 즉, 서버의 세컨 서브의 강도에 따라 보다 공격적 혹은 방어적으로 리턴 할지에 대한 선택권을 갖고 있기 때문이다. 리터너는 서버를 압박하면서 미끼를 던지는 코트 포지션을 변화시킴으로써 보다 주도적으로 플레이를 리드할 수 있다. 되도록이면 리턴을 짧게 끊어 치는 스트로크(블로킹)를 하기보다 볼을 길게 보내는 것이 좋다. 항상 너무 많은 것을 해내려고 하다보면 기회를 날려버리는 경우가 발생한다. 가끔 서버의 세컨 서브를 공격하다가 네트에 걸리는 실수를 하는 것이 그것이다. 리턴으로 포인트를 얻고자 할 때, 실수 비율을 줄이는 것이 필요하다. 잦은 실수는 상대를 편안하게 한다는 것을 기억해야 한다.

서브 코스에 따른 리터너의 중립 위치 잡기

처음으로 경기하는 서버와 상대할 때, 경기초반에 상대 서브의 장점과 약점에 대해 파악해야 한다. 만약 이를 분석하지 못하면 경기 후반까지 상대에게 주도권을 주게 되어 방어적인 위치에서만 리턴하게 될 것이다. 리터너는 서버가 센터나 사이드라인 바깥 쪽으로 서브하더라도 모두 리턴 할 수 있는 중간 지점에 위치하는 것이 좋다. 오른손잡이 서버나 왼손잡이 서버의 스핀 효과를 고려해서 위치를 정해야 한다. 또한 서버의 파워는 종종 리터너가 서 있는 서비스 라인으로부터 얼마나 떨어져 있느냐에 달려있다. 이러한 중립 위치를 세웠다면, 리터너는 준비가 된 것이다.

만약 서버가 서브 코스의 다양화에 한계를 느끼거나 한쪽으로 대부분을 집중시키면, 리터너는 코트 포지션을 이에 맞게 바꿀 수 있다. 절대 쓸 일이 없는 서비스 지역의 일부를 차지하는 위치잡기를 할 필요가 없다. 이것은 동시에 상대가 더 어려운 위치를 확보하도록 유도하여 실수를 유도할 수 있다.

게임 초반에는 퍼스트 서브에 반응할 충분한 시간을 확보하기 위해 베이스라인 뒷부분으로 물러나서 리턴하는 것이 좋다. 이후 리턴에 대한 자신감이 생기면, 몇 걸음 전진해서 공격적인 자세를 취할 수 있다. 전진해서 리턴하게 되면 강력한 서브에 대한 리터너의 반응시간이 짧다는 것이다. 또한 베이스라인 깊은 위치에서의 플레이는 서브-앤드-발리어에게 네트 접근을 편하게 해준다. 따라서 적절한 코트 포지션에서 리턴하는 것이 경기를 지배할 수 있다.

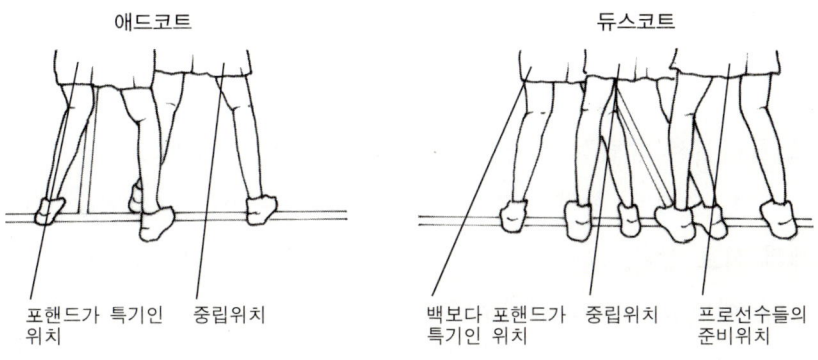

[그림 7-1] 리터너의 위치

중립적 위치를 잡을 때 스플릿 스텝을 이용하기

서버가 첫 발리 전 스플릿 스텝을 하는 것처럼, 리터너도 서비스 리턴시 중립적 위치에서 스플릿 스텝을 이용하여 서브에 반응하는 것이 좋다. 리터너의 중립적 위치는 서버가 볼을 토스하기 전에 일반적으로 취하는 자세이다. 서브에 반응하기 위한 스플릿 포지션은 중립적 위치와 같을 수도 혹은 다를 수도 있다. 스플릿 스텝은 리터너의 자세를 안정하게 지지하는 넓은 지지면을 만들어 준다. 이 자세는 두 발을 거의 양 어깨의 넓이만큼 벌리고, 포핸드 또는 백핸드 방향으로 빠르게 반응할 수 있도록 낮게 준비하는 자세이다. 보다 빠른 반응과 넓은 영역을 커버하는 열쇠는 바로 서버의 서브 순간, 넓은 스플릿 스텝이다.

어떤 선수들은 베이스라인 훨씬 안에서 중립적 자세를 취하곤 한다. 서버가 볼을 토스할 때, 리터너는 스플릿 스텝을 만들기 전에 몇 걸음 움직인다. 이 습관은 리터너의 반응을 빠르게 할 수 있다. 또한 다리를 벌리고 서 있을 때도 몸의 중심을 전방으로 향하게 해야 한다. 만약 리터너의 무게 중심이 뒤에 있으면 좋은 리턴이 나타나지 않는다.

일반적으로 스플릿 스텝을 하기 원하는 곳으로부터 몇 발짝 뒤로 물러서서 중립적 위치를 취하고 서버의 토스시 스플릿을 만들기 위해 앞으로 향하는 것이 좋다. 중립적 위치는 퍼스트 서브나 세컨 서브 상황, 그리고 코트 위치 전술을 사용할 때 바뀌어 질 수 있다. 어떠한 위치를 선택하던지 스플릿을 포함하는 것을 잊지 말아야 한다.

리턴 스트로크의 백스윙과 팔로우스루

대부분의 그라운드 스트로크는 파워를 내기 위해 큰 동작으로 공격적으로 친다. 그러나 리턴시 방어적인 포핸드와 백핸드 그라운드 스트로크도 이용할 줄 알아야 한다. 일반적으로 서브 속도가 강하기 때문에 동작이 큰 공격적 스윙이 필요한 것은 아니다. 즉, 상대의 파워를 이용하여 작고 간결한 그라운드 스트로크를 사용할 필요가 있다. 백스윙은 짧고 타점과 팔로우스루에 집중해야 한다. 짧게 끊어 치는 블락 리턴을 사용할 때는 백스윙이나 팔로우스루를 거의 사용하지 않는다. 우수한 선수들은 네트로 전진하면서 리턴하기도 한다. 이때 백스윙을 작게 하고 임팩트에 집중하는 스윙을 한다.

스탠스(stance)는 어떠한가?

강력한 서브에 대해서는 완벽한 자세로 스트로크 할 시간적 여유가 거의 없다. 포핸드와 백핸드 모두 오픈 스탠스로 처리하는 것을 배워야만 한다. 강력한 서브가 들어오면, 스플릿 스텝 범위 안에서 힙과 어깨의 회전으로만 간결하게 리턴한다. 발놀림을 최소화하고 오픈 스탠스에서 움직이는 기술을 개발해야 한다. 시간적 여유가 있고 서브코스를 예측할 수 있으면 히팅 자세를 오픈에서 크로스 스탠스로 바꾸어도 된다.

마음 먹기

공격적인 리턴과 방어적인 리턴에 대한 사고방식이 리턴의 성공률을 높일 수 있을 것이다. 상대의 경기 패턴과 경향을 파악해서 앞으로 일어날 동작을 예상하는 것은 리터너에게 매우 큰 도움을 줄 것이다. 리터너는 플레이를 미리 계획하는 것을 습관적으로 만드는 것이 중요하다. 왜냐하면 이것이 보다 빠른 결정을 내리는데 도움을 주기 때문이다. 마지막으로, 강력한 서브를 리턴하는 도전을 즐기고 배워야 한다. 이것이 좋은 결과를 만들어 내는 사고방식을 갖게 할 것이다.

제8장 상대를 압박하는 네트 플레이 방법

 이 장은 공격하는 상대선수의 심리와 이에 대한 경기 계획을 발전시킬 수 있는 기술적인 개념을 제공한다.
 상대와의 랠리에서 자신이 바라는 결과를 위한 포인트를 만들어 가는 흐름 안에서 그것들이 어떻게 함께 작용하는 가를 살펴볼 필요가 있다. 올바르고 정확한 목표에 기초를 둔 게임 전략 수립은 다양한 상황에서의 스트로크에 대한 부담을 덜어줄 것이며, 나아가 스트로크의 파워를 더해줄 것이다.
 게임 전략의 질적인 면이 카지노에서의 딜러가 될지, 그저 운을 따르는 고객이 될지 결정해준다. 즉, 통계적 경험과 득점을 마무리 하는 방법의 이해는 더 강한 기술을 가진 상대를 제압할 수 있도록 도움을 줄 것이다. 이 모든 것은 네트에서 끈기와 결정력을 보이고자 하는 스스로의 의지로써 출발한다.
 스트로크와 위닝 샷을 선택하는 전술의 목적을 이해하기 위해 본 장은 득점 단계와 그에 대한 목표에 초점을 맞추어 설명한다.
 지금 잠시 눈을 감고 여러분의 마음속에 완벽한 포인트를 얻는 장면을 상상해 본다. 득점이 어떻게 끝나는가? 서브를 넣고 있었는가? 득점한 포인트의 플레이가 마치 MBC 스포츠뉴스의 명장면에 나올 법한 환상적인 무엇이 있었는가? 스스로의 마음속에서 창조했던 플레이를 우리는 "의식-고리"라고 얘기 할 수 있다. 여기에는 세 가지의 키워드가 있는데, 이는 하나의 포인트를 얻는 과정동안 만들어내는 모든 결정에 영향을 끼친다. 세 가지 키워드는 주어진 상황 하에서 자신이 '할 수 있는 것', '하기를 원하는 것', 그리고 '해야만 하는 것'이다.

 랠리 중 짧은 볼의 기회가 왔다고 가정해 볼 때, 그 상황에서 무엇을 할 것인가? 아마도 하고자 하는 것은 볼에 접근해 한 방의 결정타를 날려 포인트를 얻는 것일 것이다. 하지만, 할 수 있는 것은 그 상황에서의 압박을 극복하고 원하는 결정타를 완성할 수 있는 자신의 능력에 따라 달라질 것이다. 한편, 해야만 하는 것은 게임 전략 내에서, 통계적 경험을 바탕으로 선호하는 최선의 상황을 만들 수 있는 샷을 만드는 것이다. 다시 말해, 하고자 하는 환상적인 결정타는 스스로를 높은 수준의 플레이어로 보이게 할 수 있을지 모른다. 하지만 일관성 있는 샷을 수행할 능력 없이 그저 한 방의 위닝 샷만 하고자 한다면, 그러한 결정들 때문에 경기에서의 패배로 이어질 것이다. 왜 피트 샘프라스가 득점하기 위하여 매번 퍼스트 서브에서 에이스를 날리지 않는가? 왜 안드레 애거시가 위너를 하기 위해 리턴을 강타하지 않는가? 그것은 바로, 당대의 위대한 선수들은 복합적인 샷으로 구성된 경기 전략이 필요하다는 것을 알만큼 충분히 영리했던 것이다. 즉, 그들은 매번 제 1구로 위너를 시도한다면, 결국 에러로 스스로를 무너뜨린 다는 것을 알고 있다. 다시 말해, 자신이 서브 에이스를 위해 두 번의 더블 폴트를 한다면, 득점하는 만큼의 두 배를 상대에게 내주고 있는 것이며, 이는 곧 경기에서의 패배라는 것을 명심해야 한다.

일반적인 득점 구조와 그에 해당하는 스트로크를 다음과 같이 구성할 수 있다.

〈표 8-1〉 득점 단계와 스트로크

득점 단계	스트로크
1. 시작	서브와 리턴
2. 조직, 구성, 준비	그라운드 스트로크 랠리
3. 공격	어프로치 샷, 앵글, 드롭샷
4. 마무리	발리, 오버헤드, 패싱샷, 로브

여기에서 경기 전략이란 원하는 승리를 위한 득점을 만들어가기 위해서 매 샷의 목표와 패턴을 조직화하고 숙련시키는 것이며, 그러한 기술들이 조화를 이루도록 설계하는 것이다.

게임 계획은 다분히 공격적인 전략이어야 한다. 그것은 자신의 장점들을 강조하고 약점을 보호하는 것이다. 또한, 코트 상태, 플레이 상황, 그리고 상대에 따라 공격 전략을 조절할 수 있어야 한다. 즉, 게임 계획을 실행하면서, 충분히 승리할 수 있다는 자신의 공격 전략의 효과를 믿어야 하고, 또한 상대의 압박 하에서도 자신의 순화되지 않은 감정들이 게임 계획을 방해하지 못할 것이라는 믿음을 가져야 한다. 이러한 게임 계획이 결국은 상대를 더욱 어렵게 만들면서 자신은 더 쉽게 경기를 풀어가도록 만들어 줄 것이다.

경기를 풀어 가는데 사용할 도구로써 자신의 기술, 즉 스트로크를 생각해 본다. 경기 계획을 자신의 의도대로 흐르게 하기 위해서는 각각의 기술들이 함께 조화를 이루면서 작용하도록 해야 한다. 득점 단계의 개념은 각각의 기술들에 숨어 있는 목적과 게임 계획 하에서 어떻게 최상의 도구로써 작용시켜야 하는 가를 보여줄 것이다.

득점 단계에서 서브 또는 리턴으로 포인트를 끝내려 할 때, 득점 비율이 오히려 떨어지기 시작하는 것을 경험하는 것은 놀라운 일이 아니다. 즉, 포인트를 얻기 위해서는 서브와 리턴이 포인트의 시작으로써 의도적이어야 한다는 것을 알 수 있다. 또한, 게임 계획을 가지고 성공적으로 경기를 풀어가기 위해서 스스로 만들어야 하는 결정들에 대해 이해해야 한다. 즉, 해야 하는 것을 알아야 하며, 하기를 원하는 것은 그 결정을 지원해야 한다. 그 다음 실행하기 위한 기술을 갖추어야 한다.

우리는 흔히 '한방'이라는 달콤한 유혹에 끌려 필요 이상의 결과를 얻기 위해 무리수를 둔다. 하지만 실제로 더 안 좋은 것은 스스로가 하기를 원하는 것과 해야 하는 것 사이에서 고민하고, 그러한 순간적인 주저함 때문에 실수를 저지르는 것이다. 이를 극복하기 위해서는 스스로가 확고한 게임 계획을 갖고 있다는 것을 믿고, 그 전략을 꾸준히 실행할 수 있는 충분한 연습이 이루어져야 한다. 또한 밀리고 있는 상황에서도, 승리하기 위해 찬스를 늘려가는 조절을 할 수 있는 충분한 연습이 이루어져야 한다. 즉, 득점 과정에서 일반적으로 만들어내는 무기로써 여기는 자신의 강력한 포핸드가 상대 선수의 포핸드만큼 위력적이지 않다는 것을 발견하는 경우가 있을 것이다. 이렇듯 상대가 자신의 파워를 능가한다면, 스스로의 경기 계획에서 새로운 대비책을 세워야 한다. 예를 들어, 자신의 포핸드 크로스 랠리가 상대에게 밀린다면, 백핸드 크로스 패턴의 랠리를 이끌어 나가야 할 것이다. 경기 계획을 조정하는 것은 축구경기에서 하프타임 동안 전반전에 기초해 후반전의 경기 계획에 새로운 전술을 활용하는 것으로 이해할 수 있다. 이러한 스스로의 적절한 경기 계획 조절은 밀려오는 상대의 압박을 극복하고 승리를 만들어 가는 훌륭한 경기 능력의 척도가 됨을 알아야 한다.

만약 실전에서, 승리에 관계되는 어려움을 견디고 극복하는 꾸준함과 대처 능력이 없다면 경기를 지배하고 승리할 수 없다. 그저 자신의 샷을 라인 밖으로 날리며 이따금 멋진 샷을 자랑하는 정도의 게임을 즐기며 스스로를 위안하는 수준에 머물 것이다. 하지만 상위의 선수들은 절대 그런 샷에 만족하지 않으며, 상대와 경쟁하며 제압하기 위해 그들의 샷을 이용한다는 것을 명심해야 한다.

득점이 결정되는 상황

테니스 경기의 시합 통계를 살펴보면, 매 포인트는 다음의 세 가지 범주 중 하나임을 알 수 있다. 첫째, 자신의 결정적 공격에 의한 득점(winners), 둘째, 상대의 좋은 공격에 어쩔 수 없이 저지른 실수(forced errors), 셋째, 샷의 준비가 된 상태에서 순전히 자신의 잘못으로 저지른 실수(unforced errors)로 구분할 수 있다.

경기 후 포인트에 대해 위의 세 가지 범주로 통계를 기록해보면, 흥미로운 결과를 발견할 수 있다. 즉, 모든 샷의 기회마다 위너를 만들어내는데 초점을 맞추어 플레이한 선수가 오히려 실수에 의해 경기에 패했음을 확인할 수 있다. 테니스 경기의 너무나 당연한 속설을 명심해야 한다. '완전한 위너를 갖는 것이 가장 훌륭하며, 좋은

기회에 자신의 잘못으로 저지른 실수로 실점하는 것만큼 나쁜 것은 없다.'

하지만 경기에서 단지 볼을 인플레이 상태로 유지하고 상대가 실수를 하기만을 기다리는 것은 시합을 이기기에 충분하지 않다. 왜냐하면 상대가 언제, 얼마나 자주 실수를 만들지를 통제할 수 없기 때문이다. 하지만 아이러니 하게도 훌륭한 선수들은 상대가 스스로 실수를 만들도록 유도하면서 자신은 경기의 승패를 좌우할 실책을 범하지 않도록 노력한다는 것이다. 이는 실제 경기 상황에서는 위너를 만들어 내거나 상대가 실수를 범하도록 상대를 압박하는 선수가 결국 승자가 될 수 있다는 것이다. 즉, 상대를 압박함으로써 상대의 실수를 유도하는 것은 이기는 게임 전략의 핵심이다. 여기서 중요한 것은 스스로 완전한 위너를 만들어 내는 샷을 하는 것보다 상대가 어쩔 수 없는 실수를 하도록 매 샷을 함에 있어 스스로가 어느 정도의 부담을 가지고 해야 하는 것이다. 이 말은 모호한 샷을 의미하는 것은 아니며, 매 기회에서 자신은 보다 단련되어지고 상대는 보다 어려운 샷을 처리하게 하는 것을 말하는 것이다. 즉, 자신이 10번의 기회에서 위너를 하려다 6~7번의 실수를 만들어내는 것보다 상대에게 7~8회의 어려운 상황을 만들어 주는 것이 필요하다. 테니스는 네트를 사이에 두고 교대로 한 번씩 샷을 하는 공정한 게임이며, 실수에 대한 위너의 비율을 잘 기억하고 경기 계획을 수립해야 한다.

득점 구조의 단계를 생각하고 경기에서 승리하기 위한 전략을 수립 할 때, 각각의 샷 뒤에 반구되어 올 수 있는 샷 패턴을 이용하여 득점 계획을 세워야 한다. 평균 그라운드 스트로크의 볼은 2초 이내에 베이스 라인을 왕복한다. 스트로크 후에 상대에게 볼이 이르기 전에 다음 볼을 치기위한 준비를 해야 한다. 그리고 상대 볼에 대응해야 한다. 이러한 행동은 자신이 세운 전략 안의 매번의 샷에서 이루어져야 한다. 그렇지 못하면 상대에게 코트를 넘기고 압박당할 것이다. 여기에서 중요한 것이 자신의 준비 위치이다. 혹시 모든 그라운드 스트로크 후에 베이스라인의 중심에 있는 센터 마크에 위치하는가? 그렇다면 여러분은 잘못 위치하고 있는 것이다.

랠리에서의 효율적인 샷 선택

만약, 자신이 크로스 코트로 볼을 친다면, 랠리에서 준비 위치는 베이스라인의 중앙이 아닌 자신이 친 볼의 대각선 방향에 해당하는 센터 마크의 옆에 위치해야 한다. 이러한 위치는 충분히 코트를 커버할 수 있도록 해주는 가장 좋은 확률의 위치이다. 다른 샷을 선택한다면, 자신의 위치는 센터 마크 뒤가 되어야 한다. 이러한 준비 위치는 다운더라인 뿐만 아니라 날카로운 앵글 샷을 커버하는 것을 가능하게 해준다.

여기서 중요한 문제는 이러한 위치들에 도달하는 것이 상대가 스트로크 하기 전에 이루어져야 한다는 것이다. 또한, 위너를 시도하기 위해 볼을 칠 때는 그 샷에서 득점을 하여야 한다. 그렇지 못하면, 상대에게 반대편 코트를 내주어야 한다. 따라서 일반적으로 선수들은 충분한 준비 시간을 확보하기 위해 크로스 코트 랠리를 유지한다. 만약 랠리 패턴에 변화를 주고자 다운더라인으로 볼을 친다면, 회복할 충분한 시간을 확보하기 위해 언더스핀이나 하이 루프 드라이브를 활용하는 것이 좋다.

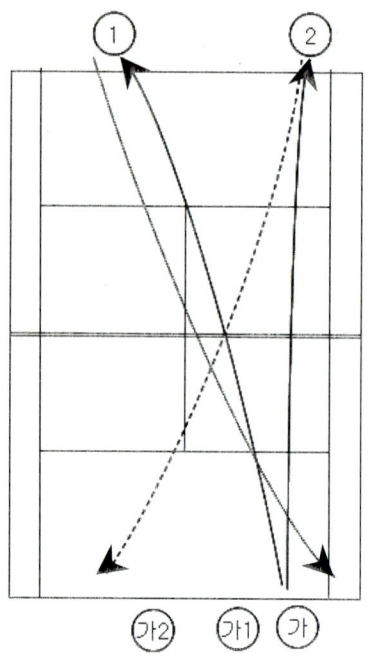

[그림 8-1] 랠리에서 기본적인 위치

네트 플레이를 위한 효율적인 샷 패턴

더 좋은 위치를 잡을 시간이 부족한 상태에서 네트 플레이를 시도할 때에도 패싱샷을 당하지 않도록 해야 한다. 즉, 네트 플레이를 향상시키기 위해서는 위치 선정을 잘 해야 하며, 일반적으로 패싱샷을 당하지 않는 좋은 위치를 선정하기 위해서는 자신이 위치해야 할 지점에 가장 가까운 거리를 제공하는 다운더라인 샷이 좋다. 만약, 자신의 코트 가운데서 어프로치 샷을 한다면, 상대 코트 중앙으로의 스트레이트 샷이 가장 확률 높은 샷이다.

네트 플레이에서 보다 더 집요하게 상대를 압박하기 위해서는 파워보다 네트에서의 포지션이 더 중요하다는 것을 깨달아야 한다. 또한 상대도 네트 플레이를 하는 선수의 파워보다도 자세를 취하는 기술에 더 큰 위협을 느낀다. 즉, 네트를 효과적으로 방어하는 기술 없이는 좋은 위치에서의 준비도 영향력을 잃게 된다. 어프로치 샷은 위치 선정 능력뿐만 아니라 발리 중에 직면할 어려움에 영향을 준다. 상대를 압박하는 능력은 상대의 특성을 포함해 많은 요소들에 달려있다. 우리가 위력적인 샷을 생각할 때 일반적으로 베이스 라인으로의 강력하고 깊은 샷을 생각할 수 있다. 한편, 속임수로 계획되고 정확하게 사용되는 드롭 샷 역시 위력적인 샷의 하나이다. 이는 랠리에서 베이스라인 뒤로 깊게 위치하는 상대가 베이스라인의 한쪽에 위치한 상대보다 깊은 볼을 만들어 압박하는 것이 훨씬 더 어려움이 따르기 때문이다.

네트 플레이에 뛰어난 많은 선수들은 다양한 어프로치 샷을 활용한다. 이러한 선수들은 톱스핀으로 볼을 깊게 보내는 것 이외에, 샷의 깊이를 딥(deep) 샷에서 드롭 샷까지 조절할 수 있는 슬라이스와 칩 샷 어프로치를 적절히 사용한다.

슬라이스 또는 칩 샷을 활용하는 것은 더 나은 네트 플레이 위치를 확보하는데 필요한 약간의 시간을 더해준다. 공격 변화와 다운더라인 어프로치에서의 다양한 샷의 사용은 상대에게 경기하는 코트가 얼마나 깊은 지에 대해 계속적으로 혼란을 줄 수 있다. 그렇지 않고 랠리에서 항상 크로스 코트 패턴을 유지하고 일률적인 다운더라인 어프로치의 경기를 진행한다면 경기가 예측가능하게 될 것이다.

패턴을 계속 유지하여 경기 예측이 가능하다 할지라도 상대가 경기를 지배할 수 있는 조금의 기회도 주지 않는다면 항상 나쁜 것만은 아니다. 다만, 일률적인 샷 패턴 양식으로 샷의 방향을 지정할

지라도, 샷의 방향을 바꾸지 않고 샷의 깊이를 변하게 할 수 있어야 하며, 또한 변화를 시도할 때에 중요한 것은 그 다음 어떤 상황이 발생할 것인가를 이해하는 것이다.

만약 자신이 백핸드는 위협적이지 않지만 강력한 포핸드를 가진 선수와 경기한다면, 비록 더 넓은 패싱 공간을 남겨두더라도 상대의 약한 백핸드 쪽인 크로스 코트로 어프로치 공격을 할 수도 있다. 그러나 그 전술이 결정적이지 못하고 역습의 기회를 준다면 스스로 어프로치를 다시 생각해야 할 것이다.

어프로치에서 범하는 최악의 샷은 상대가 패싱 샷을 하기에 좋아하는 샷의 형태로 볼을 보내는 것이다. 대부분의 선수들은 어프로치 샷에 대해 베이스 라인의 몇 발짝 안에서 적당한 파워와 약간의 탑 스핀 그리고 선호하는 높이의 타점에서 역습하는 것을 좋아한다. 그럼에도 종종 이러한 종류의 샷을 가지고 반복적으로 접근하며 상대가 왜 패싱을 성공하고 즐거워하는지 궁금해 한다.

다양하게 사용하는 어프로치는 상대에게 패싱의 기회를 적게 줄 수 있다. 어프로치 공격에서 회전, 속도, 그리고 깊이에 변화를 줄 수 있는 기술을 습득하는 것은 상대를 코트 밖으로 몰고, 그들의 템포를 뺏으며, 자신에게 쉽게 볼이 오도록 만들어 준다. 즉, 자신이 네트 플레이의 상황을 유리하게 만들고 공격의 효율성을 증가시키려면 상대에게 손쉬운 볼을 제공해서는 안 된다.

공격을 차단하는 올바른 위치 선정

상대의 패싱을 차단하는 올바른 네트 플레이 위치는 사이드라인을 완전히 커버 할 수 있는 한 발짝, 앵글 샷에 완전히 닿을 수 있는 한 발짝, 로브를 커버할 수 있는 두 발짝 이내에 위치해야 한다. 만약, 어프로치 샷을 센터로 할 때, 자신의 네트 포지션은 센터이고 상대가 앵글 샷으로 패싱 하도록 압박해야 한다. 여기서 중요한 것은 네트에 가까이 갈수록 앵글 샷을 더 잘 커버할 수 있지만 로브는 취약해진다. 반대로 로브를 커버하기 위해 네트에서 멀리 위치한다면 앵글 샷에 당할 것이다. 따라서 상대의 강점과 약점을 고려하면서 언제 네트에 더 접근할 것인지에 대한 감각을 발달시켜야 한다.

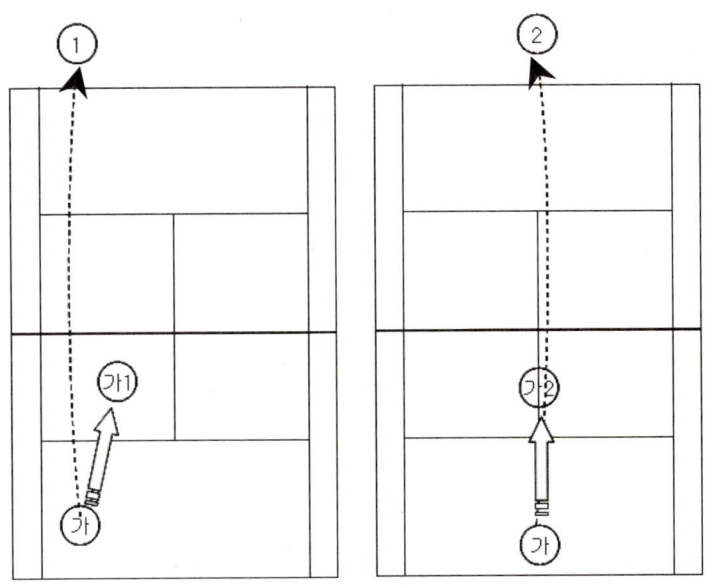

[그림 8-2] 어프로치 샷 이후 위치 선정

집요한 네트 플레이 방법

어프로치에서의 목표는 네트로 다가가면서 상대를 압박할 수 있는 인플레이 상태의 볼을 만드는 것이다. 스스로 자신의 풋워크로 어프로치 샷에 대한 움직임을 배워야 한다. 이 때 중요한 것은 결과적으로 샷의 실수가 없어야 한다. 언더스핀 어프로치는 플랫 드라이브를 통한 움직임보다 더 쉽다. 일반적으로 어프로치 샷에 사용되는 스텝 패턴은 앞발 뒤로 뒷발이 교차하는 크로스-비하인드 스텝과 킥(kick) 스텝이다. 한편, 플랫 드라이브를 위해서는 오픈 스탠스가 가장 적절하다.

코트에서 네트로 다가갈 때, 첫 발리를 위해 어프로치 샷 후에 가능한 움직일 수 있을 만큼 움직여야 한다. 하지만 상대가 볼을 타구하는 순간에는 다음 샷을 구사하기 위해 스플릿 스텝을 해야만 한다.

스플릿 스텝은 상대의 다음 샷에 정확하고 빠르게 대응할 수 있는 반응 상황으로 자신을 위치시켜줄 수 있다. 스플릿 스텝에서 중요한 것은 다리를 벌리고 설 때 두 발을 지면에 견고하게 고정시키는 것이 아니고 빠르게 반응할 수 있도록 몸이 가벼운 느낌을 갖도록 하는 것이다. 즉, 다음 움직임을 만들 수 있도록 지면에 두 발이 가볍게 터치되는 느낌을 가져야 한다. 만약, 첫 발리가 네트 높이보다 아래면 득점을 위해 제2의 발리를 준비해야 한다. 이때의 제2 발리는 네트에 더 가까워지며 볼의 각도를 좁힐 더 좋은 기회를 만들어야 한다. 집요한 발리는 상대를 압박하고 상대가 쉽게 패싱 할 수 없는 방어의 벽을 만들 수 있는 위치가 중요하다는 것을 명심해야 한다.

견고한 그립

언더스핀 어프로치, 모든 발리, 그리고 오버헤드 스윙을 위해서는 컨티넨탈 그립이 효과적이다. 이 그립은 반사 상황에서 그립 체인지의 어려움을 덜어줄 수 있다. 컨티넨탈 그립은 팔목이 라켓 헤드를 견고하게 지지하는 지렛대 역할을 하면서 포핸드와 백핸드 모두에 효과적인 그립으로 손목이 똑바로 위치되어질 때 라켓과 팔은 L자 모양을 만든다.

반사 준비

발리에 반응하기 위한 네트 포지션에서의 준비 자세는 민첩함이 요구되며, 그렇게 하기 위해 빠르고 간결한 준비가 필요하다. 포핸드와 백핸드 모두에 빠르게 반응할 수 있도록 라켓을 세워 자신의 가슴 앞에 위치시키는 것을 습관화해야 한다.

준비 자세에서 애매하게 몸통 쪽으로 볼이 온다면 백핸드 발리로 반응하는 것이 좋다. 포핸드는 자신의 몸이 짓눌릴 수 있지만 백핸드 발리는 몸을 커버할 수 있기 때문이다.

포핸드 발리

빠르고 간결한 발리 기술을 발달시키길 원한다면, 먼저 파워를 더 해야 한다는 충동을 극복해야 한다. 즉, 일차적으로 방어적인 생각을 가져야 한다. 발리에서 첫 번째 반응은 볼을 캐치하고자 하는 준비이다. 만약에 포핸드 발리에서 라켓 대신 야구 글러브를 끼고 있다면, 이 때 자연스러운 반응은 볼을 잡기위해 팔을 뻗는 것이다. 이 글을 보면서 간단히 동작해 본다. 팔꿈치를 움직임으로써 반응하지 않을 것이다. 같은 동작이 발리를 할 때도 만들어져야 한다. 즉, 자신의 팔꿈치는 타점을 향해 둔부와 어깨를 중심축으로 턴하여 볼을 치기 위해 앞으로 나감으로써 첫 움직임을 시작하는 것으로 충분하다.

자신에게 다가오는 볼에 약간의 충격을 가하는 것이 필요할 때라도 어떠한 추가적인 백스윙도 더해서는 안 된다. 팔꿈치를 자신의 몸 앞으로 움직임으로써 라켓 끝(butt)이 타점을 향해 맞춰지도록 라켓 각을 만든다. 그 다음 정확한 타이밍에 라켓 끝(butt)의 전방과 아래로의 움직임을 만든다. 이러한 간단한 동작만으로 라켓 헤드는 컨트롤을 위한 약간의 언더스핀을 함께 가진 파워 있는 발리를 만들어 낼 수 있다. 이러한 동작은 볼의 타점이 어깨 높이일 때 특히 중요하다.

오버헤드 스윙

타점이 어깨 높이 보다 훨씬 높을 때, 오버 헤드 스윙을 준비해야 한다. 오버 헤드 스윙을 위한 반응으로 팔꿈치가 중요한 역할을 하는데, 팔꿈치는 어깨 높이에서 지면과 평행하게 유지하며 몸통을 돌려 뒤쪽의 펜스를 향하도록 하는 것이다. 또한 언제라도 자신의 앞에서 타점을 잡아야 하며, 이를 위해서는 자신의 스텝을 이용해야 한다. 오버 헤드 스윙은 하프-서브 동작처럼 간결하고 타이밍 맞추기가 쉽다. 라켓 팔은 이완시키고, 등은 동작을 하는 동안 곧게 편 자세를 유지해야 한다.

백핸드 발리

볼을 치기 위한 움직임으로 라켓팔의 팔꿈치를 타점 방향으로 가져감으로써 백핸드 발리에 반응해야한다. 임팩트를 위해 라켓을 위치시킬 때, 자신이 생각하는 타점으로 향하기 위해 힙과 어깨를 턴하며 반응해야 한다. 손목자세에 있어서 L자 모양의 지렛대를 유지해야 하고 볼을 블로킹하듯 상대의 파워를 이용해야 한다.

또한, 약간의 파워를 더하고자 한다면, 라켓 끝(butt)을 임팩트 타점으로 향하게 해야 한다. 그 다음 라켓 끝(butt)이 전방과 아래로의 움직임을 함으로써 팔꿈치가 곧게 펴질 때 라켓 헤드는 타점을 향해 가속될 수 있다.

백핸드 오버 헤드 스윙을 실시하려면, 라켓 끝(butt)이 타점을 향해야 한다. 그 다음 라켓 끝(butt)을 위로, 라켓 팔은 타점을 향해 곧게, 그리고 라켓 헤드를 하늘로 향하게 한다. 백핸드 오버 헤드 스윙은 서비스 동작의 반대 동작임을 명심해야 한다.

드롭 발리

상대가 코트 깊숙한 곳에서 편안하게 플레이 하는 것을 봤을 때, 드롭 발리를 시도해야 한다. 가끔 씩의 드롭 발리는 상대에게 코트의 앞까지 커버하도록 하며 베이스라인 가까이서 플레이 하도록 압박할 수 있다. 그 다음 깊은 발리를 함으로써 상대를 압박할 더 좋은 기회를 가질 수 있다.

효과적인 드롭 발리를 위해, 자신의 팔과 라켓은 다가오는 볼의 충격을 흡수하기 위해 하나의 단위로 함께 움직여야 한다. 준비 자세는 깊은 블록 발리와 동일하게 보이기 때문에 상대는 전혀 예측하지 못할 것이다. 한편, 충격 흡수제처럼 임팩트의 충격을 흡수하길 원하지만, 완벽함을 추구하지 못하거나 시도하는 횟수에 비해 많은 실수를 저지를지 모른다. 하지만 단지 드롭 발리의 시도만으로도 상대를 압박하기에 좋은 도구이며, 또한 다음 샷에서 더 많은 득점을 할 수 있는 기회를 만들 수 있다.

양 손 백핸드 발리

몇몇 탑 플레이어들이 양 손 발리어들이지만, 최고의 잠재력을 발휘하려면 한 손으로 발리를 하는 것이 좋다. 발리를 처음 배울 때, 양 손을 사용하는 것은 자신의 감각을 익히는데 도움을 줄 수 있다. 하지만 네트 앞에서 최고의 기량을 발휘하고 싶다면 한 손으로 발리를 시작해야 한다.

스윙 발리

스윙 발리는 일반적으로 볼을 바운드 시키지 않는 그라운드 스트로크와 별로 다르지 않다. 즉, 같은 그립, 같은 수준의 스윙, 그리고 같은 풋워크로 실시하며, 약간의 탑스핀을 추가함으로써 더 나은 컨트롤을 할 수 있다.

랠리 중에 갑작스런 공격으로 스윙 발리를 사용할 수 있으며, 특히 상대가 높은 루프 볼로 랠리를 할 때 사용하면 효과적이다. 이때는 어프로치 샷처럼 처리하고 네트로 다가가야 한다.

샷 조합과 전술

네트를 지배하는데 요구되는 기술을 습득하는 것은 그렇게 어렵지 않다. 항상 공격하는 것 보다 우선 코트를 수비하는 것을 고려해야 한다. 샷 조합의 파워는 자신을 보다 끈기 있게 만들어 줄 것이다.

서브와 발리

많은 선수들에게 서브 앤 발리 전술은 서브에서 끝내기 위한 자연스런 과정이다. 그러한 선수들은 서브 후에 네트에서 기회를 잡을 수 있는 강력한 서브를 무기로 가지고 있다. 한편, 자신이 어프로치 샷의 개념으로 서브를 사용할 때, 확률 패턴을 기억해야 한다. 서비스 박스의 T자 지점으로 서브한다면, 서버는 상대의 패싱 기회를 줄이면서 리턴 볼을 자신의 발리 범위에 들어오게 할 수 있다. 반면 사이드로 넓게 서브한다면, 오히려 네트 커버가 어려워지며 상대의 패싱 코스를 비워줄 수 있다.

리턴과 발리

일반적으로 세컨 서브 상황에서 사용되는 리턴 앤 발리는 서버에게 위협적인 압박을 주기위해 사용할 수 있다. 이 때 선수들은 리턴의 깊이를 보다 효과적으로 조절하기 위해 슬라이스와 칩 샷을 사용한다. 흔히 "Chip and charge"라 불리는 이 전술은 서버가 세컨 서브에 부담을 갖도록 압박함으로써 결국 많은 더블 폴트를 유도할 수 있다.

마찬가지로, 리턴 앤 발리에서도 다운더라인으로 리턴 하는 것이 네트에서 좋은 위치를 선점하여 상대를 압박할 수 있는 기회를 만들 수 있다.

드롭 샷과 로브

상대와의 랠리에서 변화를 시도할 때 베이스라인으로의 딥 슬라이스의 활용은 드롭 샷의 위력을 배가시킬 수 있다. 상대가 딥 슬라이스에 적응하고 대비할 때, 그만큼 정교한 드롭 샷에 취약해 질 수 있다. 여기서 주의 할 것은 랠리의 마지막 타구로 드롭 샷을 구사한다면, 상대의 드롭 샷에 대응하기 위해 네트 앞으로 다가가야 한다.

한편, 상대가 드롭 샷을 받아내어 인플레이 상태를 유지한다면, 로브는 포인트를 마무리하기 위한 좋은 선택이 될 수 있다. 또한 상대가 네트와 충분한 거리를 유지한다면, 오픈 코트로의 패싱샷의 기회가 생긴다.

어프로치와 발리

어프로치의 기본은 짧은 볼의 기회가 왔을 때 망설임 없이 자신 있게 시도하는 것이고, 방향은 다운더라인을 공격하는 것이 발리의 각도를 잡아주고 좋은 위치에서 발리를 할 수 있게 해준다는 것이다. 이 때 깊숙한 다운더라인이 효과적이며, 이러한 어프로치의 깊이 변화는 언더스핀을 사용함으로써 좀 더 정교하게 조절할 수 있다. 또한 중요한 것은 상대의 의도적인 샷이던 의도하지 않은 샷이던 짧은 볼에 대해 준비하고 익숙해질 수 있도록 하는 것이 다음으로 이어지는 발리에서 집요하게 상대를 압박 할 수 있다.

어프로치 샷으로 득점을 얻는 것도 중요하지만, 그 목표는 발리로써 쉽게 득점하거나 상대가 실수하도록 압박하는 것이다. 결국 경기에서의 승리는 압박을 통해 상대에게 많은 실수를 유도하는 것임을 명심해야 한다.

 기본적이면서도 상대를 압박하는 위력적인 샷(발리, 오버헤드, 로브, 패싱 등)을 만들어 내고자 하는 계획적인 방법을 항상 염두에 두고 플레이해야 한다. 또한 자신만의 몇 가지 패턴의 기술을 개발해야 하며, 여기에는 자신의 계획이 가능하도록 하는 동작을 예측하는 능력도 길러야 한다. 경기에서 이러한 기회를 만들고, 기회가 왔을 때 득점으로 마무리 한다면 스스로 "이거야!"라는 외침과 함께 게임을 즐길 수 있을 것이다.

제9장 드롭 샷과 로브 길라잡이

드롭 샷

드롭 샷은 네트 너머 짧게, 서비스 라인 앞으로 볼을 떨어뜨리는 기술이다. 이 샷은 상대가 엔드 라인 뒤에서 플레일 할 때 또는 상대가 강한 샷을 예측하고 있을 경우에, 타이밍과 리듬을 깨고 싶을 경우에 주로 사용한다. 완벽한 드롭 샷을 치기 위해 시도하는 경우에는 실책을 범할 수 있으므로 완벽한 샷을 구사해야 한다는 두려움을 가질 필요는 없다.

드롭 샷의 원칙

대부분의 선수나 동호인들이 강한 스트로크에 집중하는 동안에 효과적으로 득점을 낼 수 있는 것이 드롭 샷이다. 이는 상대가 볼에 접근하기 힘든 좌우 공간 지점으로 짧고 낮게 바운드 되게 보내는 것으로, 이 때 볼에 언더스핀을 주면 더욱 효과적이다.

드롭 샷은 코트에서 깊은 혹은 짧은 득점기회를 만들어내기 위해 이용한다. 파워가 강한 선수들은 상대를 코트의 뒤쪽에 깊게 머물게 하면서 좌우로 움직이게 한다. 터치 플레이어들은 상대의 위치를 파악하고 빈 공간을 만들어 드롭 샷을 사용한다. 터치와 파워를 겸비한 선수는 상대를 코트 왼쪽으로 움직이도록 하고, 오른쪽으로 드롭 샷을 구사하여 득점할 수 있는 좋은 기회를 갖는다.

대부분 사람들은 드롭 샷에 대한 전략 없이 드롭 샷을 시도한다. 베이스 라인으로부터의 오랜 랠리 중, 초조한 마음으로 점수를 내기 위해 드롭 샷을 시도하지만 대부분 실패하게 된다. 원인은 드롭 샷을 파워와 터치에 의한 조합으로 구성하지 않았기 때문이다.

상대는 드롭 샷을 읽고, 볼을 받아 낼 수 있다. 드롭 샷은 샷을 위장하는 개인의 능력, 상대의 강점과 취약점, 날씨, 그리고 코트 표면 등에 영향을 받는다.

드롭 샷 기술 요소

슬라이스 백핸드를 치는 것처럼 보일 때, 상대는 볼이 깊게 들어올 것을 기다리면서 뒤로 움직이기 시작한다. 볼이 네트를 가로지르기 시작하면, 상대는 드롭 샷을 쳤다는 것을 깨닫게 되지만 제대로 반응하기에 너무 늦다. 따라서 드롭 샷은 전략을 세워서 사용할 경우에 좋은 샷이 된다. 슬라이스와 그라운드 스트로크를 코트 깊숙이 구살할 수 있으면, 드롭 샷은 유효한 샷이 될 수 있다.

경기에서 유효한 드롭 샷이 될 수 있도록 몇 가지 사항에 대해 생각해 본다.

- 준비 자세 : 상대의 준비자세를 통해 어떤 유형의 샷이 구사 되는지 예측할 수 있다. 백스윙 상태에 따라 드라이브, 탑스핀, 슬라이스 등을 예상할 수 있다. 또한 자신의 드롭 샷 준비는 일반적인 그라운드 스트로크의 준비 자세와 똑같이 보여야 한다.
- 스윙과 처리 : 준비에서 세운 위장술은 스윙까지 이어진다. 드롭 샷의 스윙 진로는 많은 스핀과 약간의 파워를 만들어내기 위해 라켓면의 앵글을 조정하여 일반적인 스윙처럼 보이게 만든다. 이런 스윙을 하면 상대는 일반적인 스트로크로 인식하지만 실제는 드롭 샷이 만들어 진다.
- 방향 : 사람의 시야는 4~6m 거리만 정확하게 판단할 수 있다. 시야를 잘 속이기 위해서 볼을 치는 방향을 이용해야 한다. 대각선 방향으로의 강력한 스트로크를 구사하는 것처럼 위장하지만 실제로는 다운더라인으로의 드롭 샷은 상대를 가장 잘 속이는 방법이다.
- 높이 : 드롭 샷은 백핸드 슬라이스와 똑같은 궤도일 때 효과적이다. 따라서 드롭 샷을 효과적으로 구사하기 위해서는 백핸드 슬라이스 궤도의 높이를 유지하되 볼 바운드가 높아서는 안된다.

드롭 샷을 칠 때 그립은 컨티넨탈 또는 이스턴 백핸드로 시도한다. 그러나 종종 세미 웨스턴 그립을 사용할 수도 있다. 슬라이스와 드롭 샷의 백스윙은 동일해야 한다. 드롭 샷을 위해서는 보다 적은 파워와 많은 스핀을 적용해야 하기 때문에 팔로우스루가 작아지게 된다. 모든 샷에 균형과 스탠스가 샷의 성공을 결정하는데 드롭 샷도 예외는 아니다. 드롭 샷에 일관성을 유지하기 위해서는 균형과 디딤 축으로부터 나오는 섬세한 터치가 필요하다.

드롭 샷 전략

서브와 발리는 득점 발리 또는 오버헤드를 위해 네트 앞으로 전진하게 만들어주는 콤비네이션의 좋은 예이다. 서브와 발리를 구사하기 위해서는 경기 중에 첫 서브를 잘 넣어야 한다. 한 번의 샷으로 득점을 얻으려 하다보면 샷에 대한 중압감을 갖게 된다. 이런 득점 방법보다는 좋은 서브를 넣고 발리에 의한 득점 기회를 잡는 방식의 조합된 전략이 필요하다. 새로운 방법이 결합된 전략을 수행하는데 적절한 샷이 드롭 샷이다.

- 포핸드 루프 앤드 드롭 샷 전략 : 포핸드 그라운드 스트로크를 상대 코트 깊숙이 구사한 후 드롭 샷 구사
- 백핸드 루프 앤드 드롭 샷 전략 : 백핸드 스트로크를 길게 친 후 드롭 샷 구사
- 백핸드 딥 슬라이스 앤드 드롭 샷 전략 : 랠리가 지속될 때 슬라이스를 사용한 후 드롭 샷을 적절하게 사용
- 백핸드 슬라이스 어프로치 앤드 드롭 샷 전략 : 언더스핀으로 다운더라인으로 볼을 깊게 보내면서 네트로 접근해 드롭 샷 구사
- 드롭 샷 앤드 로브 전략 : 드롭 샷으로 상대를 네트로 끌어들인 후 로브 구사

- 드롭 샷 앤드 패싱 전략 : 드롭 샷으로 상대를 취약한 위치로 자리하게 한 후 비어있는 공간으로 패싱 샷 구사. 드롭 샷을 구사한 직후 상대의 리턴 샷에 대응하기 위해 한 두 걸음 정도 네트 쪽으로 움직인다.

드롭 샷 적용

드롭 샷을 이용하는지를 결정하기 위해 반드시 조건과 상대를 고려해야 한다. 선수는 그날의 컨디션, 감각, 그리고 주변 상황에 대해 감지해야 하며, 태양 위치, 바람 방향, 그리고 상대방의 특기에 대해 파악해야 한다.

바람 부는 날 또는 습도 때문에 볼이 무겁다면 드롭 샷을 자주 사용해도 좋다. 만약 상대의 취약점 또는 부상이 있다면, 드롭 샷을 자주 사용한다. 비 내린 후 코트 표면에 습기가 있으면 드롭 샷에 더 유익하다.

겉으로 드러나는 드롭 샷의 모양이 '딥 슬라이스 앤드 칩'의 모양과 상당히 비슷하기 때문에 딥 슬라이스인 백핸드 슬라이스를 잘 구사해야 한다. 예를 들어 백핸드 슬라이스가 불안정하다면, 드롭 샷의 효과는 반감될 것이다. 따라서 스트로크에 있어서 충분히 작용할 수 있는 백핸드 슬라이스를 연습해야 한다.

이러한 기술을 통해 볼의 방향과 깊이를 예측하는 상대를 방해하여 득점 기회를 잡을 수 있다. 특히, 중요한 것은 득점 샷을 날리는 것 보다 조합된 기술과 전략으로 경기 운영과 계획을 세우는 것이다.

로브

로브는 상대의 키를 넘기는 기술로써 상대의 리듬을 깰 수 있다. 수비적인 기술이지만 시합에서 적절하게 사용하면 상대의 네트 플레이를 막을 수 있을 뿐만 아니라 결정적인 공격 기술이 될 수 있다. 네트 플레이어에게 좌우의 패싱 샷과 로빙의 공격을 할 수 있으므로 경기 운영에 효과적이다. 로브는 공격적인 샷이 되기도 하며, 방어적 목적을 지닌 샷이 되기도 한다.

로브의 원칙

로브는 앵글 샷, 드롭 샷, 그리고 하이 루퍼와 마찬가지로 좋은 샷이다. 완벽한 로브가 되기 위해서는 파워 샷과 터치 샷의 조화가 필요하다. 파워의 패싱 샷과 터치의 앵글 샷과 로브는 상대가 4개의 방향(왼쪽, 오른쪽, 위, 아래)에 대해 방어해야 되는 부담을 갖게 만든다. 상대를 네트 가까이 유인하여 로브 또는 로브-발리의 득점 전략을 구사할 수 있다.

로브를 해야 할 경우, 불안해하지 말아야 한다. 일반적인 그라운드 스트로크에 비해 성공률이 높기 때문이다. 상대가 네트 플레이를 하지 않고 베이스 라인 플레이를 전개하면 상대가 네트 앞으로 나올 수 있게 작전을 계획해야 한다. 수비형의 짧은 그라운드 스트로크, 드롭 샷은 상대를 네트로 끌어들일 수 있다. 로브와 패싱 샷의 성공 여부는 상대의 네트 플레이 능력에 좌우되기도 한다. 상대가 네트 플레이 능력이 취약하다면, 상대의 빈 공간을 끊임없이 공격해야 한다. 상대의 어프로치 샷이 좋으면 패싱샷을 치는 것보다는 로브를 이용하는 게 바람직하다. 언제 로브를 하고 언제 패싱 샷을 할지를 결정하는 것은 상대의 위치에 따라 달라진다.

로브를 할 때 상대가 받기 어렵도록 회전을 준다. 상대방이 받기 어려운 백핸드 방향으로 볼을 보낸다. 로브를 한 후 빨리 다음 리시브 자세로 전환한다. 상대의 스매시 공격을 피할 수 있도록 상대의 머리 위로 넘기는 것이 바람직하다. 로브를 구사할 때 공격 로브인지, 시간적 여유를 갖기 위한 수비 로브인지에 따라 볼의 높이와 거리를 조절하는 것이 바람직하다.

크로스 코트 패싱 샷과 다운-더-라인 패싱 샷을 교대로 사용하는 것은 상대를 왼쪽 또는 오른쪽으로 움직이게 한다. 로브를 사용하는 것은 상대를 뒤로 가게 만든다. 다양한 샷을 구사하면 상대의 위치와 균형을 깰 수 있다.

로브의 종류

- **플랫 로브** : 네트 위 3~4m 높이로 파워를 조절하여 구사한다. 라켓 면이 약간 열려 있는 상태로 치기 때문에 보통의 그라운드 스트로크처럼 속일 수 있다. 라켓 면을 약간 위로 열어 아래에서 위로 비스듬히 볼을 밀어 올려 스윙하고, 중간 정도의 높이로 볼을 올린다는 기분으로 친다.
- **언더스핀 로브** : 공격을 당하고 있을 때 쉽게 할 수 있는 것이 슬라이스 로브다. 언더스핀은 공기에 좌우되기 때문에 바람이 불 때 유리하다. 슬라이스성으로 로브된 볼은 정점에서부터 속도가 떨어지기 때문에 플랫 로브보다 높게 쳐야 한다.
- **탑스핀 로브** : 빠른 라켓-헤드 속도와 함께 라켓을 아래에서 위

로 높게 휘두르는 동작으로 해야 한다. 볼의 바운드가 빨라져 공격 로빙 방법으로 자주 사용한다. 체중을 뒷발에 두고 위로 스윙을 크게 하며, 오른쪽 어깨를 축으로 하여 팔꿈치를 높게 올려야 공격적인 로브가 된다. 스윙뿐만 아니라 몸 전체를 사용하고 무릎을 굽혔다 펴는 동작을 함께 한다.

복식 경기에서도 상대가 전진해 있을 때 로브를 구사하면, 상대 진형을 무너뜨리고 공격적인 플레이를 할 수 있다. 로브가 성공하면 서비스 라인 근처에 자리하여 네트를 장악하고 발리 또는 스매싱으로 공격 기회를 잡을 수 있다.

로브의 전략

드롭 샷과 로브는 단식 경기에서 이용하기 가장 쉬운 전략이다. 드롭 샷은 상대를 네트로 유인하게 만든다. 상대가 드롭 샷을 처리하기 위해 앞으로 전진하면 로브를 구사한다. 드롭 샷과 로브의 조합은 상대가 드롭 샷에 대해 신경 쓰게 만들면서 상대를 베이스 라인에 있게 하므로 경기 운영의 주도권을 유지할 수 있다.

- 패싱샷-로브 : 지속적으로 상대의 코트 위치를 파악하고 빈 공간으로 패싱 샷을 구사한 후 다음 샷으로 로브를 구사한다.
- 수비 : 시합에서 방어적 상황에 처하게 될 경우 선택의 여지없이 로브를 구사해야 한다. 로브는 위치를 재정리 할 수 있는 시간을 제공해 주는 동시에 득점을 할 수 있게 만든다. 수비시 어려운 상황에 있을 때 로브를 해서 상대의 리듬과 힘을 뺄 수 있다.

- **외부 환경** : 비, 바람, 태양의 위치 등 날씨가 시합에서 큰 영향을 미치기 시작 할 때, 로브의 위력은 더욱 강력해진다. 볼이 햇빛에 들어가도록 하는 로브나 바람을 이용한 로브는 득점으로 연결될 수 있다.

로브 적용

로브는 서브의 로브 리턴에서부터 탑스핀 로브 득점에 이르기까지 다양하며, 단식 경기 보다 복식에서 훨씬 더 자주 사용된다. 복식 경기에서 득점 기회를 만들기 위해서 앵글 샷, 드롭 샷, 그리고 로브를 적절히 사용해야 한다. 로브는 복식 경기에서 네트 점령을 위한 좋은 방법이며, 패싱 샷을 구사할 수 있는 공간을 만들어 준다는 점에서 가치가 있다.

로브에 대한 기술을 습득하기 위해서는 시간과 노력이 소요되므로 모든 상황과 조건에서 로브를 연습해야 한다. 로브가 실패하더라도 낙담하지 말고, 주저하지 말고 샷을 시도해야 한다. 로브를 사용하면 할수록, 성공률은 높아지므로 꾸준한 연습으로 실수를 줄여야 한다.

제10장 복식경기 정복하기

복식경기는 무엇인가?

 테니스의 복식경기는 남녀노소 누구나 즐길 수 있는 장점이 있다. 복식은 단식선수가 선수생활이 끝나더라도 계속해서 경기를 할 수 있다. 이 장에서는 복식경기의 기술과 전략, 그리고 파트너와의 관계 등에 관련된 지식을 배워나갈 수 있도록 구성하였다.
 복식은 각자의 포지션에서 보다 유리한 상황을 전개하기 위한 공간을 확보하고 파트너의 압박감을 해소해 주려는 노력 등이 포함되어 있다.
 복식에서 서버의 파트너와 리터너의 파트너의 포지션을 서로 확인해야 한다. 볼이 자신에게 직접 오지 않더라도 파트너가 최초의 포지션에서 활발하게 움직이는지, 또한 두 명 모두 베이스라인에서만 머물러 플레이하는지를 확인한다. 복식은 파트너와의 의사소통이 매우 중요하기 때문이다.

 복식 경기에서 흔히 보게 되는 의사소통의 유형을 정리하면 다음과 같다.
 첫째, 계속해서 파트너에게 책임전가 하는 유형

둘째, 파트너와 서로 말을 하지 않는 유형

셋째, 실수를 하고 난 후에 파트너에게 용서를 구하는 유형

넷째, 매 포인트마다 득점 전략을 세우기 위해 활발히 의사소통하는 유형

복식과 단식의 차이점은 무엇인가?

가장 중요한 차이점은 복식은 코트 포지션을 정하는 경기이지만 단식은 샷의 조합을 통해 포인트를 만들어 가는 경기이다. 즉, 한쪽 코트에 두 명의 선수가 있다는 것은 비어있는 공간이 적다는 것을 의미한다. 그러나 단식은 비어있는 공간이 많아서 더 많은 움직임을 요구하기 때문에 좀 더 다양한 변화가 있다.

- 단식의 특징 및 전략
  - 상대를 최대한 좌우전후로 많이 움직이게 한다.
  - 파워가 중요하다.
  - 의무적으로 발리를 하지 않아도 된다.
  - 여러가지 샷을 조합해야 기회가 온다.
  - 개인적인 강점과 약점에 기초해서 전략을 수립한다.

- 복식의 특징 및 전략
  - 자신의 강점과 약점을 이해하고 파트너의 강점을 최대화하되 약점은 최소화시켜야 한다.
  - 샷은 파트너의 위치뿐만 아니라 상대방의 코트 포지션까지도

고려해야 한다.
- 파트너와의 의사소통을 위해 방어와 공격적인 샷이 보다 분명해야 한다.
- 플레이어는 매 포인트에서 각자의 역할을 이해하여야 한다.

단식과 복식의 차이점은 단식은 기술이나 압박감을 혼자 이겨내야 하지만 복식은 파트너의 기술을 이용하거나 파트너와의 의사소통과 지지로 상승작용을 만들 수 있다는 것이다. 이것이 팀워크이다.

- 복식을 하는 이유는 무엇인가?
  - 기술의 수준이 차이가 나더라도 파트너와의 호흡을 통해 경기를 즐길 수 있다.
  - 다양한 샷을 구사하여 파트너에게 기회를 주는 팀 경기이다.
  - 서버는 단지 코트의 절반을 책임지면 되기 때문에 서브 후에 네트로 들어갈 수 있다.
  - 나이를 먹어감에 따라 움직임, 반사 신경, 타이밍 등이 느려질 수 있다. 그러나 복식은 단지 공간의 반을 책임지면 되기 때문에 노년에도 경기에 오랫동안 참가 할 수 있다.
  - 복식은 팀워크가 중요한 팀 경기이다. 이것은 인생 성공의 공식이기도 하다.

포지션별 역할

이 부분에서는 포지션(서버, 리터너 및 파트너)에 따른 역할에 대해 알아본다.

서 버

서브가 공격적이고 정확하면 보다 많은 기회가 생긴다. 마치 야구의 투수가 타자에게 다양한 볼을 던지는 것처럼 서버도 서브를 혼합하여 구사하면 리터너의 강한 리턴을 방지할 수 있다.

- 리터너의 앵글샷이 어렵도록 센터라인으로 서브를 넣는 것이 중요하다. 그러나 리터너의 강점이 다운더미들이면 사이드라인으로 서브하면 된다. 리터너의 약점에 집중적으로 서브하되 다양해야 한다.
- 퍼스트 서브(first serve)를 스핀으로 구사하면 첫 발리를 네트 가까이에서 할 수 있다.
- 첫 발리는 연결용으로서 일반적으로 대각선방향이 좋다.
- 리터너의 리듬을 방해하기 위해서는 일자형(I-formation)을 사용하는 것이 좋다.
- 서브를 하고 베이스라인에 머물러 있다면 그라운드 스트로크를 베이스라인 깊숙하게 치고, 리턴이 짧으면 네트로 접근한다.

서브의 다양한 변화는 리터너를 혼란스럽게 하기 때문에 퍼스트서브의 성공이 무엇보다 중요하다. 또한 서브 위치도 리터너의 위치를 확인하고 리터너의 예측을 벗어나게 해야 한다. 만약 리터너에게 명확한 약점이 있으면 리듬을 찾을 때까지 최대한 이용해야 한다. 그러나 리터너가 약점을 커버하려고 노력할 때는 리터너의 강점으로 서브하는 것이 좋다. 다양한 볼을 구사하는 것이 핵심이다.

> ♣ **서비스의 전략**
> - 리터너의 약점에 서브를 한다.
> - 센터라인으로 서브를 한다.
> - 몸 쪽으로 서브를 한다.
> - 폭이 넓고 바운드가 높은 서브를 다양하게 혼합하여 서브하여 리터너의 샷이 단순해지도록 유도한다.

일반적으로 한 손 백핸드를 구사하는 선수들에게는 바운드가 높은 백핸드 쪽 서브가 효율적이고, 특히 서버의 전위 파트너가 포치를 할 때 매우 효과적이다. 왼손잡이들은 이것을 듀스코트에 적용한다.

> - 듀스사이드가 더 쉬운 것은 아니다.
> - 크로스로 리턴하는 인사이드아웃 백핸드 리턴이 가장 마스터하기 어려운 샷 중 하나이다.

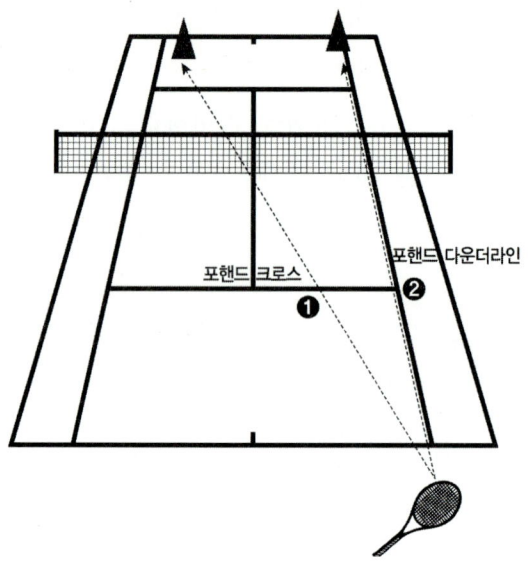

[그림 10-1] 포핸드 크로스와 다운더라인

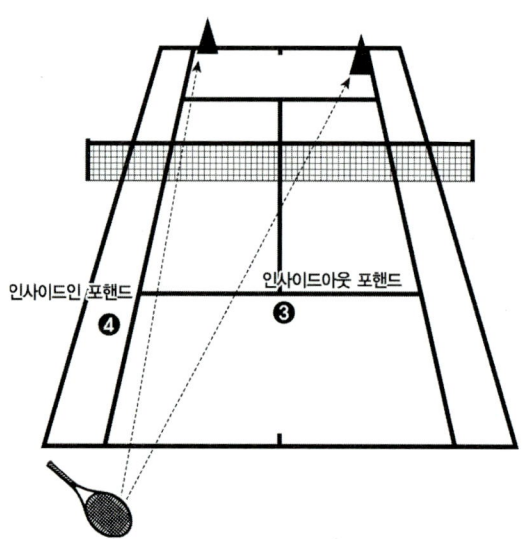

[그림 10-2] 인사이드인과 인사이드아웃 포핸드

※ 듀스코트에서 백핸드로 상대의 듀스코트 코너로 치면 인사이드아웃 백핸드이고 애드코트사이드라인을 따라 치면 인사이드인 백핸드이다.

복식은 서브하는 팀과 리턴하는 팀의 강점과 약점을 고려해야 한다. 서버에게 사이드라인으로 서브를 깊게 하라고 강요하지 않는다. 왜냐하면, 상대의 샷 능력이 이러한 전술을 능가할 수도 있기 때문이다. 간단히 말하면, 어디든지 가장 효율적인 곳에 서브를 하는 것이 바람직하고, 상대방의 포지션이 흐트러지게 서브하는 것이 가장 효과적이다.

리터너

서버의 파트너가 효율적인 발리나 포치를 하면 리터너가 리턴할 코스가 좁아지기 때문에 복식의 리턴은 단식보다 어려운 점이 있다. 또한 리터너의 파트너도 적극적인 네트플레이어에게 매우 취약하다.

파트너와 어느 코트(듀스코트 혹은 애드코트)에서 리턴하는 것이 좋은지 서로 의사소통을 하는 것이 좋다. 어느 쪽이 효율적인지 충분한 시간을 갖고 결과를 기다리는 것이 좋다.

- 어느 코트를 더 선호하는지 파트너와 충분히 의사소통을 한다.
- 리터너는 모든 리턴을 인사이드아웃(센터코스)이나 크로스로 스트로크 해야 한다. 그러나 상대 전위 플레이어가 자주 포치를 시도할 때는 다운더라인으로 치는 것이 좋다. 비록 포인트를 잃더라도 다운더라인으로 볼이 갈 수 있다는 메시지를 전달할 수 있기 때문에 상대 전위플레이어의 움직임을 최소화 할 수 있다.
- 상대 파트너 중 강한 선수에게 가급적 볼을 보내지 않는다. 또한, 다음 샷을 만들기 위한 리턴을 사용한다.

- 리턴의 목표를 정하되 타구할 때는 볼에 집중한다.
- 경우에 따라서는 서버의 몸 쪽으로 리턴하는 것도 좋다.
- 서브리턴과 동시에 네트로 접근한다. 이것은 서버를 압박함과 동시에 서버의 첫 발리를 어렵게 할 수 있다. 상대의 발리가 뜨면 포인트를 얻게 될 확률이 높다. 이러한 공격적인 플레이는 상대 서버와 전위 플레이어가 볼에 집중하기 보다는 리터너의 움직임에 시선을 빼앗기게 되어 에러를 유도할 수도 있다.
- 리턴 시 로브는 공격적인 서브-앤-발리에 대응할 수 있는 좋은 전술이다. 이 전술은 서버의 전위 플레이어에게 스매시 실수를 유발하게 하거나 전위 플레이어에게 볼에 닿지 않을 경우 네트를 점령할 수 있게 한다.

- 상대서브에 따른 리터너의 전략

≪상대의 강한 서브와 발리에 대항하는 방어적인 리턴≫
- 가능한 한 다음 샷의 연결구로 리턴한다.
- 전위 플레이어에게 직접적으로 친다.
- 로브를 이용한다.
- 강한 서브를 리턴 할 때 파트너를 베이스 라인으로 움직이게 한다.
- 리턴시 포지션의 변화를 주어 서버의 정신집중을 방해하려고 노력해야 한다.

≪리턴을 완벽히 조절할 때의 서브 리턴≫
- 베이스라인 앞 쪽에서 리턴하여 서버의 첫 발리가 서비스라

인 뒤에서 이루어지도록 한다.
- 강력한 포핸드로 상대 전위에게 직접 친다.
- 리턴이 완벽하게 조절될 때, 파트너를 정상 포지션에서 서비스라인 안쪽 네트 가까이로 포지션을 옮기도록 한다.
- 완벽한 리턴은 모든 샷(센터라인, 다운더라인, 크로스, 로브 등)을 구사할 수 있어야 한다.
- 리턴이 좋으면 많은 잇점이 있다.
  - 서버는 네트 플레이를 못하고 베이스라인 플레이에 중점을 둔다.
  - 서버는 세컨서브로 이길 확률이 낮아짐으로 상대적으로 퍼스트 서브가 약해진다.
  - 동료 파트너는 네트에서 자신감을 갖고 포치나 발리를 할 수 있다.

- **상대의 첫 발리를 어렵게 하기**

발리의 일반적인 원칙은 코트의 중앙 깊숙이 하는 것이다. 특히 서비스 라인 근처에서는 더욱 그렇다. 깊은 발리는 상대방의 앵글샷을 어렵게 한다.

네트에 얼마나 근접해 있느냐가 첫 발리의 공격성을 결정하기 때문에, 서버는 첫 발리를 보다 네트 근처에서 하기 위해 스핀서브를 넣고 들어 올 것이다. 또한, 리턴의 높이가 높으면 서버의 첫 발리가 공격적으로 들어오기 때문에 가능한 한 낮게 리턴해야 한다. 경기가 지속되면서 시행착오를 통해 상대방의 장단점을 파악하여 서버의 첫 발리가 공격적이지 못하도록 샷을 구사해야 한다.

서버의 파트너

서버의 파트너는 모든 포인트를 시작하는 시점과 포지션에서 중요하다. 파트너가 서브를 하면 포치를 통해 리터너에게 두려움을 주거나 상대방의 포메이션을 흐트러지게 만들어야 한다.

- 서버 파트너의 전략
  - 포칭을 할 때 항상 네트 가까이에서 움직이도록 노력한다.
  - 몇 개의 볼을 놓치더라도 포칭을 포기해서는 안된다. 포칭을 놓치더라도 리터너는 포치를 대비해 보다 강력하게 리턴을 하려고 할 것이다.
  - 서브 코스에 대해 서브 파트너와 신호를 주고받아야만 리턴을 예상할 수 있다.
  - 리터너의 리턴 능력에 따라 포지션을 변경한다.
  - 항상 포지션을 준비하고 있으면 어떤 유형의 볼도 방어할 수 있다.
  - 경기 중에 포지션을 다양하게 바꾸도록 한다.

리터너의 파트너

파트너와 어떤 포지션(네트 혹은 베이스라인)으로 플레이할 것인지를 의사소통을 통해 결정해야 한다. 리터너의 파트너는 파트너의 리턴에 따라 위치가 결정된다. 리터너 파트너의 위치는 서버의 첫 발리 코스를 제한할 뿐만 아니라 서버에게도 압박감을 줄 수 있다. 또한 리터너가 강한 리턴을 하면 서버의 첫 발리가 어렵기 때문에, 리터너 파트너에게 포인트를 얻을 기회가 만들어진다. 이 기회를 놓치면 안된다.

- 서비스라인 안에 위치하는 경우 : 파트너가 서비스 리턴을 완벽하게 소화할 때
- 베이스라인과 서비스라인 사이에 위치하는 경우 : 파트너가 퍼스트 서브 리턴시 어려움이 따를 때
- 베이스라인에 위치하는 경우 : 파트너의 리턴이 서버의 전위 플레이어에게 계속해서 포치를 당할 때

- 네트에서

네트의 포지션은 파트너의 리턴과 자신의 발리기술 등을 얼마나 편안하게 구사하는지에 따라 달라질 수 있다. 파트너가 서브 리턴을 성공적으로 수행한다면 네트에 근접한 포지션이 좋다. 만약 자신의 기술을 편안하게 구사하지 못하면 몇 걸음 뒤에 있어도 된다. 그러나 항상 앞으로 움직일 준비는 하고 있어야 한다.

- 네트에서 적극적으로 한다.

리터너는 어려운 샷뿐만 아니라 쉬운 샷에도 파트너가 움직이면서 도와주기를 기대한다. 좋은 움직임은 훌륭한 속임수이다. 상대방에게 압박감을 주기도 하지만 기회가 되는 좋은 볼이 올 수도 있다. 또한 네트에서 적극적으로 움직이면, 서버는 집중력을 잃게 될 것이다.

- 베이스라인에서

상대 서버가 강력하거나 파트너가 서브 리턴을 계속해서 성공하지 못한다면 베이스라인으로 위치를 변경해야 한다. 이것은 프로경기에서도 일어나는 현상이다. 그러나 파트너가 세컨서브를 리턴 할 때는 네트로 들어가도 된다.

상대방이 한 명은 전위에, 다른 한 명은 베이스라인에 위치하고 있다면, 베이스라인의 선수에게 그라운드 스트로크를 하는 것이 좋다. 상대가 편하지 못하도록 깊숙하게 보내는 것이 좋다. 짧은 볼을 스트로크 할 때는 언제나 베이스라인 플레이어에게 공격하고 네트로 들어간다.

팀으로 경기하기

복식은 파트너와 서로 화합하고 파트너를 믿어야 한다. 의사소통이 훌륭한 팀이 강한 팀이다. 좋은 복식 선수는 파트너가 실수하더라도 용기를 주어야 하고 긍정적이어야 한다.

경기수준과 관계없이 한 팀으로써 서로 보완해야 한다. 다음의 몇 가지 예를 들어본다.

- 네트 플레이를 즐기지 못하고 일관되게 베이스라인 플레이만 고집하는 선수에게는 활발하게 네트 플레이를 하는 파트너가 필요하다.
- 서브가 약한 선수는 서브를 잘하는 선수를 찾아야 한다.
- 리턴이 약한 선수는 서브를 브레이크하기 위해 리턴을 잘하는 선수를 찾아야 한다.
- 파워가 부족한 선수는 강력한 스트로크를 구사하는 파트너를 찾아야 한다.
- 움직임이 많지 않은 선수는 잘 움직이고 적극적인 선수를 찾아야 한다.
- 사교적 혹은 내성적인 선수는 의사소통이 잘 되는 파트너를 찾아야 한다.

어느 사이드에서 경기를 해야 하나?

리턴의 포지션 결정에 중요한 것은 어느 사이드에서 리턴이 편안한가이다. 만약 파트너가 내가 좋아하는 사이드에서 리턴하기를 원한다면 경기에서 이기기란 쉽지 않을 것이다.

많은 코치들은 항상 중요한 포인트는 애드코트에서 이루어지기 때문에 최고의 리터너는 애드코트에서 경기를 해야 한다고 생각한다. 이와 반대로 어떤 코치들은 첫 포인트를 이기는 것이 중요하다고 생각해서 듀스코트에 최고의 리터너가 있어야 한다고 생각한다. 그러나 듀스코트에서는 인사이드아웃 백핸드 크로스 리턴을 하게 하므로 가장 어려운 리턴은 센터로 들어오는 서브이다. 따라서 파트너와 충분한 의사소통과정을 거쳐 어느 사이드에서 경기를 할 것인지 함께 고민해야 할 것이다.

나는 왼손잡이다: 어느 사이드에서 경기를 해야 하나?

- 왼손잡이는 애드코트에서 크로스 리턴 하는 것이 가장 자연스럽다.
- 왼손잡이 리터너는 백핸드로 리턴해야 하는 오른손잡이 선수보다 중요한 포인트에서 유리하다.
- 왼손잡이는 상대팀에게 어려움을 줄 수 있는 다양한 샷을 사용할 수 있다.
- 코트 중앙으로 오는 볼을 파트너 모두가 포핸드를 사용할 수 있다는 것은 커다란 장점이 있기 때문에, 듀스코트에서 경기하는 것도 괜찮은 방법이다.

부가적인 복식 조언

- 교차지점에서 파트너와 어떻게 대처할 것인지를 결정하기 위해 항상 의사소통을 한다.
- 어느 샷에 가장 편안하고 어려운지를 서로 이야기를 한다. 예를 들어, 한 선수가 오버헤드를 하기 위해 뒤로 가는 것에 어려움을 겪을지도 모른다.
- 팀을 나누고 싶지 않으면 좋은 움직임을 하려고 노력한다.
- 코트의 포지션을 나누어야 한다면 우선 두 가지를 생각해야 한다.
  - 전력을 다해서 강한 샷을 한다.
  - 팀을 다시 재정비하기 위해 시간을 번다.
- 특히 파트너가 몇 개의 쉬운 발리를 놓쳤다고 해서 파트너가 포치하는 것을 막지 않는 것이 좋다.
- 로브를 사용한다. 복식에서 가장 중요한 샷 중에 하나이다.
- 네트를 점령하려고 노력한다. 공격하는 것이 이길 확률이 높다.
- 복식에서 균형있는 포지션을 구축 하는 것이 좋은 전략이다.
- 의심이 들 때는 센터로 낮게 치는 것이 가장 최선의 샷이다.
- 상대적으로 약한 파트너에게 볼을 보낸다.
- 실수를 하더라도 파트너를 항상 격려해야 한다.
- 로브를 당하면 빨리 움직인다. 머리위로 볼이 넘어가는 것을 볼 때 까지 기다리지 말아야 한다.
- 상대 서브가 강할 때는 뒤로 빠지고, 서브가 약하면 네트 쪽으로 움직인다.

- 네트 가까이 갈수록 상대방의 코트는 더 커지고 넓어진다. 네트에서 공격적으로 경기를 한다면 상대방의 좋은 샷을 예방할 수 있고, 짧은 로브를 유도할 수 있도록 압박할 수 있다.

복식은 팀으로서 하는 전략과 포지션 경기이다. 복식은 강서브나 포핸드 같은 주요무기를 가지고 있지 않더라도 파트너와의 의사소통, 적절한 포지셔닝, 복식전략의 이해, 포지션별 역할 수행을 통해 경기에서 이길 수 있다.

제11장 승리를 위한 경기 계획과 전략

계 획

경기 계획

많은 코치들은 경기에 임하는 선수에게 "계획을 구체적으로 세운 후 그 계획을 실행하라"고 주문하며, 다행히도 그 계획이 잘 수행되면 성공적인 경기를 했다고 한다. 그렇다면 테니스 경기에서의 계획이란 무엇일까? 어떤 선수는 모든 볼을 베이스라인 뒤에 서서 랠리만을 시도하는 단순한 것일 수도 있고, 서브를 넣고 네트 플레이를 한다든지, 랠리 후 짧은 볼의 찬스를 기다려 강한 어프로치 샷으로 네트를 점령하는 것과 같이 복잡한 것일 수도 있다. 그러나 경기 계획을 간단히 정의하면 "한 포인트에서 다른 포인트로의 득점과 연결시키는 전략"이라고 말 할 수 있다.

시합 계획

테니스 역사상 가장 위대한 선수들을 보면 우선 상대방에 대한 자세한 정보를 얻고, 자신의 장점과 특기를 최고의 무기로 생각하고 최선을 다해 반드시 이긴다는 믿음을 갖고 시합 계획을 세워 코트에 들어선다. 그러나 너무 복잡하고 많은 내용을 계획에 포함시킨다면 조정력을 잃어 시합을 망칠 수도 있다. 그렇기 때문에 수준이 높은 선수는 자신의 전체적인 특성을 계발하고 기술을 향상시키려고 부단한 연습을 하며, 아래의 내용을 바탕으로 자신이 세운 전략을 이행하기 위해 많은 노력을 한다.

- 기술 - 경기 스타일은 테니스 기술과 경기를 지배하는 능력보다 훨씬 중요하다.
- 정신 자세 - 경기에 임하는 긍정적인 자세는 상대가 아무리 강하더라도 이길 수 있다는 자신감을 주기 때문에 매우 중요한 요소이다.
- 신체 조건 - 선수의 컨디션은 다양하게 변화되기 때문에 선수들의 경기력은 신체의 컨디션에 의해 좌우될 수 있다.

그리고 선수의 영양 상태, 경기력에 대한 통계적 분석, 라켓, 스트링, 복장 등도 경기력 수행을 위해 계획에 포함시켜야 할 중요한 것들이다.

계획의 적용

경기에 임한 후 상대를 제압할 수 있는 가장 효과적인 무기는 다양한 시합 계획 중에서 이용 가능한 방법을 선택하는 것이다.

- 베이스라인 플레이어

빠른 발과 민첩한 스텝으로 베이스라인에서 플레이하는 선수는 코트 전 범위를 잘 커버하기 때문에 베이스라인 뒤 약 1~1.5m 정도에 위치한다. 베이스라인 플레이어의 주된 전략은 상대방을 코트 좌우로 밀어 붙이면서 볼이 짧아지기를 기다려 기회를 잡는데 있다. 이러한 베이스라인 플레이어에 대응할 수 있는 전략은 다음과 같다.

- 베이스라인 플레이어가 베이스라인에서 자세를 잡고 움직일 때 안정된 자세를 취하지 못하도록 드롭 샷을 사용한다.
- 베이스라인 플레이어가 좌우로 많이 움직이게 한 후 네트로 접근하도록 유인하는 넓은 각도의 스트로크를 구사한다.
- 짧은 볼을 과감하게 공략한다.
- 주기적으로 서브 앤 발리를 시도한다.

● 네트 플레이어

존 매켄로는 테니스계에서 가장 침착하고 냉정한 선수이기도 하지만 현란한 네트 플레이로 상대선수의 정신을 혼란스럽게 만드는 데 탁월한 능력을 지녔다. 피트 샘프라스는 베이스라인 플레이에 능숙한 선수였지만, 상대방이 당황하도록 순식간에 네트 플레이를 시도하였다.

● 투 핸드 플레이어

뛰어난 풋 워크와 민첩한 스텝, 그리고 완벽한 자세 회복력을 지닌 투 핸드 플레이어에게 일반적인 샷이나, 스트로크를 구사한다면 쉽게 공격당할 수 있다. 이와 같은 선수들은 강력한 양 손 백핸드라는 무기를 장착하고 있기 때문에 언제든지 이 무기를 사용할 수 있다. 그렇기 때문에 이런 선수들과의 경기에서는 양 손 백핸드를 자유자재로 사용할 수 없도록 코트를 넓게 사용하는 것이 매우 효과적이다. 또한 편한 자세를 잡지 못하도록 몸을 향해 공격하는 것도 유효할 것이다. 상대방을 좌우로 넓게 펼친 후 네트 플레이로 공격한다면 좋은 득점 기회를 얻을 수 있다.

• 세미 웨스턴, 풀 웨스턴 포핸드 그립의 선수

세미 웨스턴이나 풀 웨스턴 그립을 잡는 선수들은 종종 베이스라인에서 경기하는 것을 선호한다. 이런 종류의 선수들은 랠리 중에 볼이 짧아지면 네트로 접근하여 발리를 하기 위해 그립을 전환하지만, 그립을 전환시키기가 매우 어렵다. 그렇기 때문에 웨스턴 포핸드 그립을 사용하는 선수들로 하여금 네트로 들어오도록 하는 것이 효과적인 전술이며, 다음과 같은 플레이를 하면 큰 이득을 얻을 수 있다.

- 낮은 볼이나 각도 깊은 슬라이스 서브
- 백핸드 슬라이스 스트로크
- 네트 플레이

• 컨티넨탈 포핸드 그립의 선수

파워가 부족한 선수가 컨티넨탈 그립으로 빠른 속도의 톱스핀이나 앵글 샷을 구사하거나, 스핀이 많이 걸린 높은 볼을 칠 때에는 엄청난 라켓의 헤드 스피드를 필요로 한다. 이런 그립을 사용하는 선수들과 경기할 때에는 다음과 같은 전략을 발휘한다면 좋은 결과를 얻을 수 있다.

> - 코트를 넓게 이용할 수 있는 런닝 스트로크 구사
> - 바운드가 높고 볼이 깊은 그라운드 스트로크
> - 하이 킥 서브

● 파워 플레이어

 파워 플레이어들은 득점을 하기 위해 강한 랠리에 의존하면서 상대의 에러(unforced error)를 유발시킨다. 이런 스타일의 선수들은 코트의 좌우 사이드 보다는 한쪽 사이드만을 선호하는 경향이 있다. 파워 플레이어에 대항하기 위해서는 온 힘과 정신력을 집중하여 보다 강력한 스트로크와 때로는 볼의 페이스를 늦추거나 다양한 종류의 샷을 구사하면서 득점 기회를 노려야 한다. 파워 플레이어가 경기 중 불안을 느끼고 까다로워 하는 샷이 무엇인지 빨리 파악하여 대처하는 것이 중요하다.

● 공격적인 베이스라인 플레이어

 공격적인 베이스라인 플레이어는 베이스라인 뒤쪽에서 약간 물러나 자세를 잡고, 라이징 볼을 치려고 노력한다. 이런 선수와 대응하기 위해서는 코트 깊게 떨어지는 스트로크를 구사하는 것이 유용하며, 베이스라인 스타일에서 벗어나 네트로 접근하도록 유인하는 것이 효과적이다. 특히 공격할 때는 볼이 짧아져 상대방이 먼저 공격하지 못하도록 하는 것이 중요하며, 볼을 좌우로 넓게 치는 것도 효과적이다. 그러나 상황에 따라서는 상대방의 몸을 향해 스트로크를 하고 균형을 무너뜨리기 위해 볼을 다양하게 치는 것도 좋은 전략이 될 수 있다.

• 정크볼러

정크볼러란 이상한 형태로 그립을 잡고 테니스의 정석에서 벗어난 형태로 경기를 하며, 상대방이 정상적인 플레이를 할 수 없을 정도로 정신적으로 짜증나게 만드는 선수를 말한다. 정크볼러와 경기할 때 다음과 같은 전략을 세운다면 큰 효과를 볼 수 있다.

- 불안정한 자세에서 볼을 치도록 코트 전체를 폭 넓게 사용한다.
- 항상 준비하고 다양한 종류의 샷을 구사한다.
- 공격적으로 플레이한다.
- 네트로 유인한다.

전 략

경기에서 베이스라인 플레이어와 시합할 예정이라면, 신체적·정신적으로 준비할 수 있도록 계획을 세워야 한다.

만약 상대방이 전략을 바꾸었다면, 바뀐 전략에 대한 완벽한 준비와 자신의 전략을 다른 방법으로 전환시킬 수 있어야 한다.

테니스를 정말 잘하고 싶은 사람이라면 테니스와 관련된 전체적인 특성을 계발하고, 그것을 발판으로 실력을 향상시킬 필요가 있다. 우선 체력, 파워, 민첩성, 지구력 등은 어떤 선수에게든 필수적인 육체적 도구이다. 둘째, 훌륭한 테니스 경기를 하기 위해서는 끈질긴 승부근성이 필요하다. 셋째, 테니스 경기를 훌륭하게 수행하기 위해서는 다양한 기술이 필요하다. 넷째, 상대방의 약점을 자신에게 유리하게 이용할 줄 알아야 한다. 이와 같이 상대방의 약점을 자신의 장점으로 만들고, 자신의 장점을 최대화 하는 것이 효과적인 경기를 수행하기 위한 전략이라고 할 수 있다. 한 마디로 말해서 "승리하는 테니스"가 전략이라고 할 수 있다.

잔디 코트에서의 전략

- 서브 앤드 발리로 공격을 하며, 안정된 자세를 취한다.
- 백핸드 스트로크는 주로 슬라이스를 사용하며, 심지어 포핸드 칩샷으로도 어프로칭 한다.
- 아침에 경기하는 선수는 잔디가 매우 미끄럽기 때문에 평소보다 더 많이 서브 앤드 발리로 경기를 운영한다.
- 베이스라인 가까이 자리를 잡고 경기한다.
- 강한 톱스핀이 걸린 볼은 강한 슬라이스로 대응한다.

클레이 코트에서의 전략

클레이 코트에서는 볼의 속도가 줄어 볼을 쫓아갈 충분한 시간적 여유를 갖고 있기 때문에 높고 길게 치는 것이 유리하다. 상황에 따라 낮거나 높고 무거운 톱스핀 스트로크로 코트 좌우 사이드를 목표로 볼을 쳐야 효과를 볼 수 있다. 클레이 코트에서의 스트로크는 톱스핀과 낮은 슬라이스, 그리고 평범한 드라이브 형태 등이 있는데 이러한 샷들을 다양한 상황에서 적절하게 이용하며, 코트 표면이 축축할 경우에는 톱스핀으로 랠리를 오래하는 것이 보편적인 전략이다.

하드 코트에서의 전략

하드 코트 표면은 다양한 형태의 볼 속도와 바운드를 일으킨다. 그렇기 때문에 올라운드 플레이어들이 다음과 같은 능력을 보유한다면 하드 코트에서 훌륭한 경기력을 발휘할 수 있다.

- 안정된 서브와 발리
- 컨트롤이 좋은 그라운드 스트로크
- 약한 서브를 공격할 수 있는 서비스 리턴

유명한 올라운드 플레이어였던 피트 샘프라스는 경기에서의 승리를 원한다면 "상대방으로 하여금 불편한 상태에서 게임을 하도록 만들어라."라는 말로 자신감을 불어 넣으며 이것이 최선의 경기 전략이라고 하였다. 시합 계획이 좀 더 효과적이기 위해서는 연습을 경기 상황에 맞게 재구성해야 한다. 가령 서브된 볼을 리턴 할 때 자동적으로 반응하기 위해서는 선수들이 시합 상황에서와 같은 마음가짐으로 최선을 다해 연습해야 한다.

"항상 상대방의 전략을 파악하고, 상대방을 많이 뛰도록 만들기 위해 노력을 해야 한다. 상대방을 불편하게 만들어라. 그러면 승리의 7부 능선은 넘은 것이다."

특정 유형의 선수에 대한 전략

어떤 스타일의 선수를 만나게 될까? 베이스라인 플레이어? 공격적인 베이스라인 플레이어? 올 코트 플레이어? 서브 앤드 발리 플레이어? 이런 다양한 유형의 선수들과 경기하기 위해서는 다음과 같은 전략이 필요하다.

- 베이스라인 플레이어 : 베이스라인 플레이어에 대응하기 위해서는 인내심을 가져야하며 볼을 너무 강하게 쳐서는 안 된다. 상대방은 섣부르게 공격하려고 하지 않기 때문에 시간을 갖고 기다리면서 오픈 코트를 만들기 위해 드롭 샷과 앵글 샷을 이용하여 상대방의 볼이 짧아지도록 유도한 후, 공격으로 전환해야 한다. 빠른 풋워크와 스텝, 높고 긴 스트로크로 코트를 지배해야 한다. 리턴은 높고 깊게 하면서 기회가 오면 강력한 스트로크를 구사하고 포인트를 쉽게 얻기 위해 네트 플레이를 펼치는 것도 효과적이다.

- 공격적인 베이스라인 플레이이 : 자신감을 가지고 경기의 주도권을 확보하기 위해서는 한 템포 빠르게 공격할 수 있는 준비를 해야 한다. 그리고 스텝을 제대로 취하지 못했을 때를 제외하고는 같은 곳으로 두 번 이상 공격하지 말고, 상대방이 먼저 공격하지 못하도록 다양한 샷을 구사하려는 노력이 필요하다. 상대방의 파워를 압도할 수 없다면 베이스라인 뒤로 약간 물러서서 높고 긴 볼로 파워를 분산시키고, 백핸드 쪽으로 앵글 샷을 친 후 인사이드-아웃 형태의 포핸드 스트로크를 이용하여 득점한다.

- 올 코트 플레이어 : 상대방이 언제 베이스라인 뒤쪽에서 경기를 하는지, 어느 시점에 네트로 접근할 지를 예측하고, 어느 사이드 플레이를 잘 하는지 판단하여 대비하는 것이 중요하다. 만일 상대방이 네트 플레이를 좋아한다면 볼을 띄우고 베이스라인 플레

이를 선호한다면 오픈 코트를 만들 수 있도록 해야 한다. 퍼스트 서브의 확률을 높이고 세컨 서브는 상대방이 리턴을 강하고 공격적으로 할 수 없도록 길게 넣는 것이 중요하며 포인트를 획득할 수 있는 기회를 빨리 잡는 것이 효과적이다.

- 서브 앤드 발리 플레이어 : 서브 앤드 발리 플레이어와 경기할 때에는 발밑으로, 한 곳만을 집중적으로 리턴하는 것이 가장 효과적이다. 첫 발리로 공격하지 못하도록 제3구를 강타하기 위해 빨리 이동할 준비를 취해야 한다. 톱스핀 스트로크는 앵글 샷을 치는 데도 많은 도움이 되며, 패싱 샷의 성공률을 높이기 위해서는 베이스라인 안쪽에서 플레이 할 수 있도록 준비해야 한다. 세컨 서브를 공격하고 먼저 네트 플레이를 시도하는 것도 좋은 방법이다. 만약 베이스라인에서 경기하기를 원한다면 속임수로 먼저 네트 플레이를 한 후, 경기를 진행하면서 편안한 위치를 선택하여 경기하면 된다.

서비스 리턴의 일관성

리턴의 일관성은 상대방의 서브가 성공되었을 때 상대 코트 안으로 정확하게 볼을 보낸 횟수를 말하며, 어리고 경기력이 낮은 선수들은 서브 에이스나 서브 위너를 거의 얻지 못한다.

서비스의 효과

서비스의 효과는 서비스 에어리어 안으로 서브되었을 때 서버가 획득한 포인트이며, 서버가 서비스를 넣은 후 공격할 수 있는 기회를 얻어 득점으로 연결하는 것을 나타낸다.

공격에 의한 포인트

 경기에서 선수는 반드시 일관성과 공격성의 적절한 조화를 이뤄야 승리할 수 있다. 지나치게 공격적이면 실수를 범할 확률이 높고, 샷의 위험성이 훨씬 높아진다. 보통 크로스에서 다운더라인으로 샷의 방향을 전환하면 볼이 네트의 가장 높은 부분을 지나야하고, 공격지점까지의 거리는 더욱 짧아지기 때문에 정확한 앵글 샷의 구사는 실수할 가능성이 높아진다.

일관성에 의한 포인트

 경기 중 너무 지나치게 신중하면 전략을 상대방에게 노출할 수 있다. 스트로크를 다양하게 구사하지 못하고 신중하게만 경기를 한다면 상대방은 볼을 치기 전에 예측하여 움직일 수 있고 쉽게 공격할 수 있다. 그러므로 훌륭한 선수가 되기 위해서는 일관성과 신중함의 적절한 조화를 찾고 만들어야 한다.

 이와 같이 훈련 프로그램을 구성하고, 작은 조절을 통해 경기에서 승리할 수 있는 정신력과 경기력을 기를 수 있는 지침이 될 수 있다. 테니스는 본능적인 운동이기 때문에 전제적인 플레이 스타일을 통계에 근거하거나 적용하여 구성할 필요는 없다. 그러나 통계를 통하여 기술을 향상시키고 장점들을 더욱 발전시켜 나간다면 테니스 기술에 대한 성취는 높아질 것이다.

위치 선정

샷의 선택과 코트에서의 위치 선정

테니스 경기에서 가장 기본적인 전략은 자신의 샷이 코트 어느 위치로 날아가는지, 베이스라인과 네트에서의 리커버리 위치, 다양한 샷을 구사하는 이유와 플레이 패턴 등이 경기에 어떤 영향을 미치는지를 배우는 것으로부터 시작된다. 경기 스타일에 변화가 없다면 코트 전체를 지배하는 방법과 적절한 샷의 선택을 배움으로써 승리하는 방법을 알게 될 것이다.

● 플레이 스타일

테니스의 기술적 장점과 약점, 신체적 컨디션, 코트에서의 움직임, 성격 등 많은 요소들이 선수의 경기 스타일을 결정짓는데 영향을 미친다. 그러나 자신의 독특한 플레이 스타일을 버리고 새로운 스타일을 적용하는 것 보다는 스타일에 샷의 선택을 바꾸고, 리커버리 위치를 변화시키고, 전략을 추가적으로 보완한다면 좀 더 효과적인 플레이를 할 수 있을 것이다.

● 경기 중 제어할 수 있는 요소

많은 선수들은 어떠한 환경적 요인들이 경기에 영향을 미치고, 이러한 것들을 어떻게 제어하면서 경기해야 하는지에 관심을 기울이고 있다. 예를 들어 햇빛, 바람, 코트 표면, 상대방의 전략 등은 제어할 수 없다. 그러나 경기에서 컨디션을 조절하고, 자신의 행동이 상대방의 전략에 어느 정도 영향을 줄 수 있다. 제어할 수 있는 것은 타구의 방향, 볼의 궤적과 속도, 스핀과 공간, 전략과 전술 등을 제어할 수 있을 뿐이다.

● 코트의 지배

볼을 친 후 정확하고 빠르게 자리로 돌아와 위치를 잡는 것을 포함하여 코트를 지배하는 것은 테니스 경기의 전략 수립을 위한 기본이라고 할 수 있다. 정확한 위치를 선정하는 목적은 상대방에게 오픈 코트의 기회를 얻지 못하도록 하고, 자신이 공격할 수 있는 범위와 기회를 많이 얻는데 있다. 경기에 임하는 선수들은 농구경기에서처럼 상대방의 공격을 막기 위해 지역방어나 대인방어 등 상황에 따라 다양하게 적용되는 방어법들을 이해할 필요가 있다. 좋은 수비는 상대방이 마음대로 공격하지 못하게 하는 것이다. 코트의 일부를 오픈 상태로 놔둔다면 상대방은 마음대로 코트를 장악하면서 경기를 쉽게 이끌어 갈 것이다.

위치 선정의 기본

서버와 리터너의 위치 선정과 베이스라인에서의 위치 선정에 영향을 미치는 요인들에 대해 알아봅시다.

● 서버의 위치 선정

단식 경기에서 서버는 보통 포인트를 시작하기 위해 베이스라인의 센터 마크 주위에 자세를 잡는다. 서버는 리터너가 자주 사용하는 리턴의 방향과 강도를 예측하여 중간 지점의 자리를 잡는 것이 중요하다(그림 11-1). 그리고 서버는 종종 베이스라인을 따라서 다양한 지점에 위치하여 경기할 수 있다.

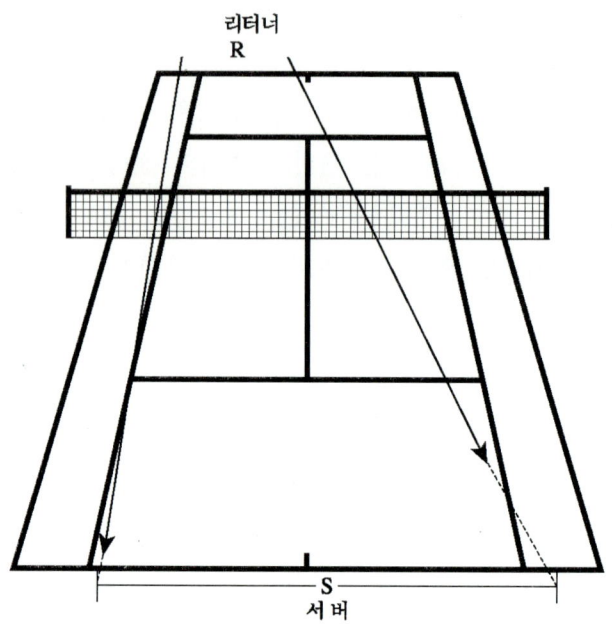

[그림 11-1] 리턴에 대비한 서버의 위치

● 리터너의 위치 선정

리터너의 위치는 서버가 왼손 선수인가, 오른손 선수인가에 따라 스핀을 생성하는 능력이나 서버의 위치에 의해 많은 영향을 받으며, 대부분 리터너는 다양한 서비스 범위의 중간 지점에 자리를 잡을 수 있다. 반면에 리터너가 베이스라인 안쪽에 자리를 잡는다면 서버에게 압박감을 주고, 리터너의 공격적 행동을 예고함으로써 리터너의 약점을 보호할 수 있을 뿐만 아니라, 서버의 서비스 코스 선택에도 영향을 미칠 수 있다. 리터너는 다양한 서브에 효과적으로 대응하고, 리턴으로 포인트를 연결할 수 있는 위치를 선택해야 한다. 그러므로 리터너의 위치 선정은 상대방과 자신의 장점과 약점이 무엇인지에 의해 달라질 수 있다(그림 11-2).

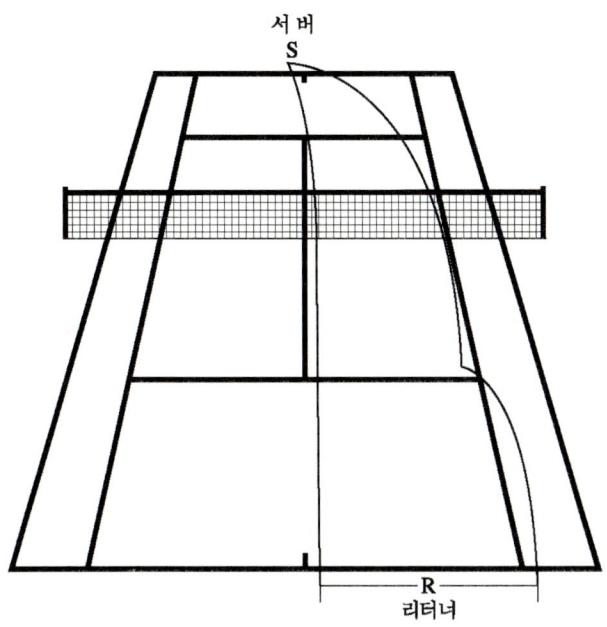

[그림 11-2] 좋은 서브를 커버할 수 있는 리터너의 위치

● 베이스라인에서의 위치 선정

경기 중 볼을 센터로 치면 베이스라인의 센터 마크 뒤쪽에 자리를 잡는 것이 일반적이다. 베이스라인에서 준비하는 위치는 자신이 친 샷의 강도와 깊이, 플레이 스타일, 코트 표면 등에 따라 달라질

수 있다. 예를 들어 선수들은 하드 코트보다는 클레이 코트에서 베이스라인에서 많이 떨어져 자리를 잡는 경우가 많다(그림 11-3). 경기 중에 상대의 중앙으로 볼을 친 후 센터 마크 뒤쪽으로 되돌아와 자리를 잡는 것이 일반적이지만, 사이드로 볼을 쳤을 때는 되돌아와 자리를 잡는 위치는 자신이 친 타구의 방향에 따라 달라져야만 한다(그림 11-4~11-7).

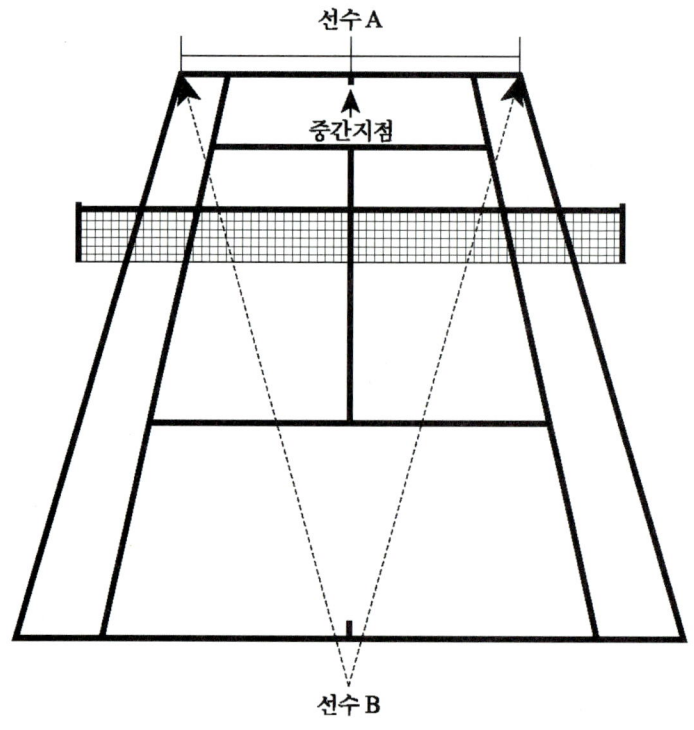

[그림 11-3] 선수 B의 두 가지 위닝 샷에 대비한 선수 A의 위치

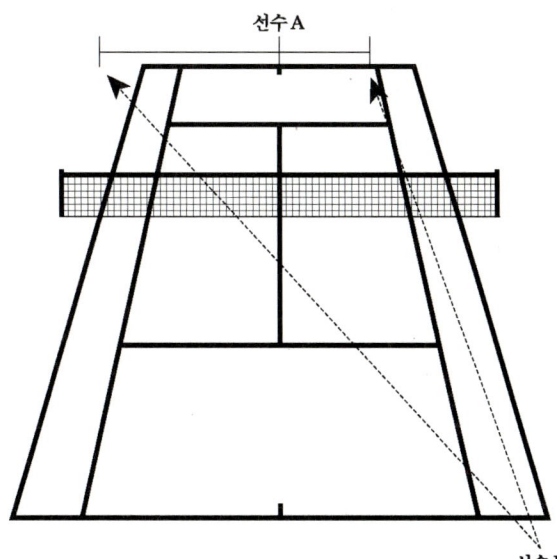

[그림 11-4] 선수 B가 크로스 코트 포핸드 스트로크를 구사하면 선수 A는 센터 마크 뒤에서 코트를 정확하게 커버할 수 없기 때문에 선수 A는 코트를 열어 놓는 상황에 처할 수 있다.

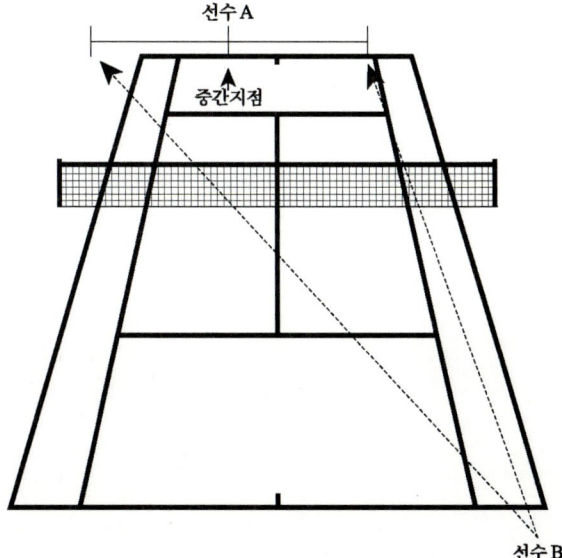

[그림 11-5] 선수 B의 포핸드 크로스 코트 샷으로부터 선수 A는 코트 중간 지점에 위치함으로써 정확하게 커버할 수 있다.

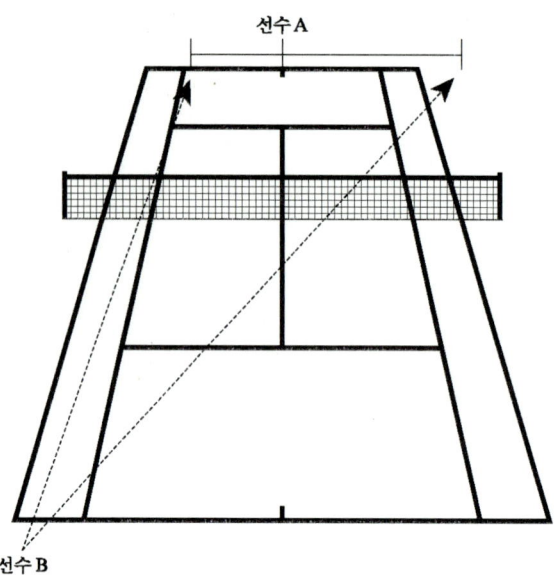

[그림 11-6] 선수 B가 백핸드 코너에 위치하고 있으면, 선수 A는 센터 마크 뒤쪽에서 코트를 커버할 수 있으며, 정확한 위치에서 벗어나 오픈 코트를 공략할 수 있다.

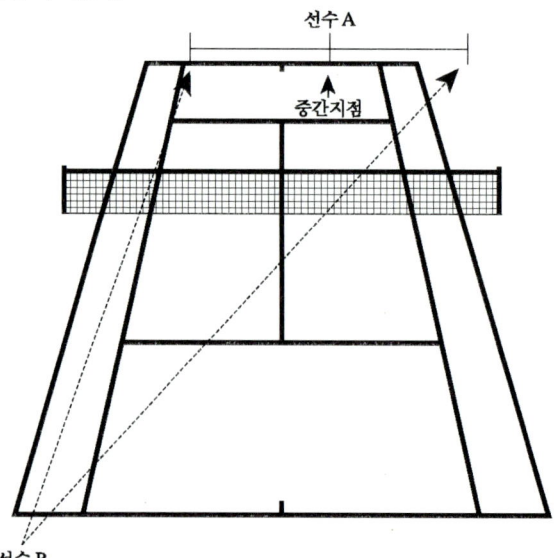

[그림 11-7] 선수 B의 백핸드 코너의 샷으로부터 선수 A는 중간지점에 위치함으로서 정확하게 커버할 수 있다.

많은 선수들은 볼을 친 위치에 상관없이 항상 센터 마크 뒤쪽으로 돌아와 자리를 잡아야한다는 잘못된 생각을 하고 있다. 이로 인해 선수들은 종종 포인트를 얻을 수 없는 위치로 돌아가 다음 샷에 대한 준비 자세를 취하게 된다. 심지어 빠른 풋워크를 가진 선수라도 자신의 위치가 어디인지, 어디에서 준비를 해야 하는지 모르면 빠른 발도 무용지물이 될 수 있다. 볼을 친 후 자리를 잡는다는 것은 상대방의 샷을 수비할 수 있는 범위의 중앙에 위치하는 것이다. 상대방이 코너에서 다운더라인으로 볼을 쳤을 경우에는 단식 사이드라인보다 더 넓은 범위로 커버할 수는 없다. 그러나 코너에서 크로스 코트로 앵글 샷을 쳤다면 단식 사이드라인보다 훨씬 넓은 범위의 코트를 커버해야 한다. 따라서 상대방이 듀스 코트에 있다면, 자신은 센터 마크에서 몇 발짝만 이동하여 크로스 코트의 앵글 샷을 수비할 수 있다. 그러므로 이 위치는 상대방의 다운더라인 샷과 크로스 코트의 앵글 샷으로부터 동일한 거리를 유지하게 되는 것이다.

샷의 선택과 리커버리

- 시야 넓히기

우선 볼을 친 후 제자리로 돌아와 올바르게 위치를 잡는 습관이 생긴다면 코트를 지배하는 것이 쉬워진다.

코트 전체를 쉽게 파악한다면 제자리로 돌아와 정확한 위치를 잡는데 많은 도움이 될 것이다. 우선 볼을 주시하고, 상대방의 움직임을 파악하고, 코트 전체의 윤곽을 보면서 제자리로 돌아가 정확한 위치를 잡아야 한다. 처음에는 볼을 친 후 제자리로 돌아가 완벽한 위치를 잡았다 하더라도 어색한 느낌이 들겠지만, 그 위치가 정확한 자리라는 것을 느끼도록 시각적 불안감을 갖지 않도록 훈련하는 것이 중요하다.

● 리커버리 시간

샷을 한 후 볼이 상대방에게 도달할 때까지 정확하게 리커버리 위치를 잡는 것이 중요하다. 평균적으로 샷을 한 볼이 상대방에게 도달하는데 걸리는 시간은 불과 1.5초 이내이다. 이렇게 짧은 시간동안 올바른 자리를 잡기 위해 몇 스텝을 움직여야 하나? 1.5초 동안 겨우 두·세 걸음 움직이는 것이 고작일 것이다. 그렇기 때문에 빠르고 정확한 위치 선정이 훌륭한 샷을 날릴 수 있고, 득점할 수 있는 바탕임을 명심하고 훈련도 그런 관점에서 하는 것이 중요하다.

● 위치 선정에 좋은 샷

위치 선정에 좋은 샷은 상대방의 다음 타구 이전에 자신의 위치를 정확하게 잡을 수 있는 방법이나 코스로 볼을 치는 것이다. 예를 들어 코트의 코너에서 크로스 코트로 볼을 치는 것이 가장 효율적으로 짧은 거리에서 제자리로 돌아가 자리를 잡을 수 있는 방법이다(그림 11-8).

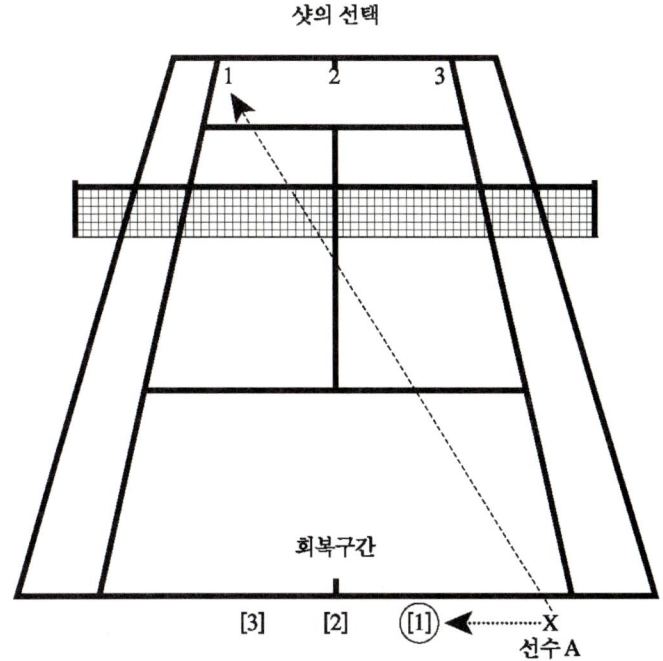

[그림 11-8] 다양한 방향으로의 샷을 통한 올바른 위치 선정

 코트의 중앙에 있을 때에는, 어느 방향으로도 볼을 칠 수 있고 몇 스텝만 움직이면 제자리로 돌아가 준비할 수 있는 시간적 여유도 충분하다. 그리고 다양한 샷으로 공격할 수도 있고 정확하게 자리로 돌아갈 수도 있다(그림 11-9).

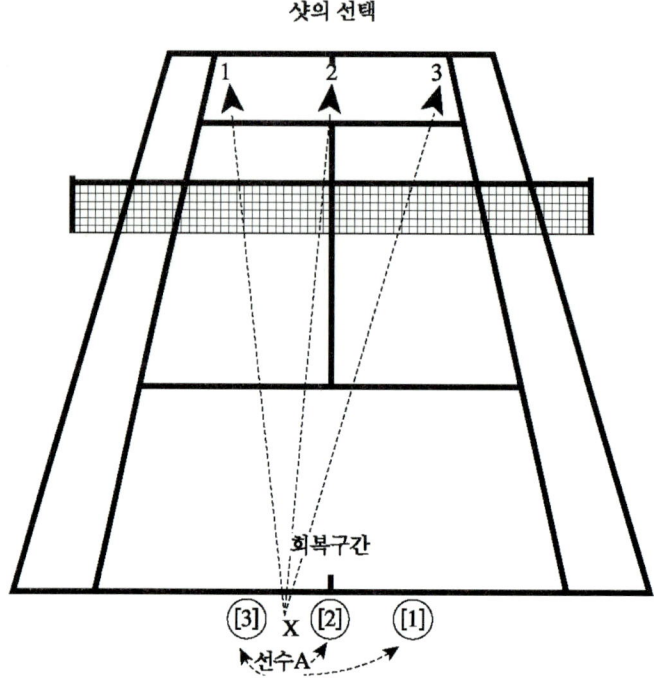

[그림 11-9] 세 가지 샷에 따른 정확한 위치 선정을 위한 움직임

　코너에 몰렸을 때에는 다운더라인으로 높고 긴 로브를 사용한다면, 스핀과 느린 스피드, 그리고 궤적 때문에 상대방이 볼을 처리하는데 많은 움직임과 시간을 필요로 하게한다. 그렇게 함으로써 적절하게 자리를 잡을 수 있는 시간을 많이 확보할 수 있다. 이 상황에서 볼을 치는 목적은 포인트를 얻기 위한 것이 아니라 랠리 중 방향을 바꾸면서 정확한 자리를 잡기 위한 시간을 얻는데 있다(그림 11-10).

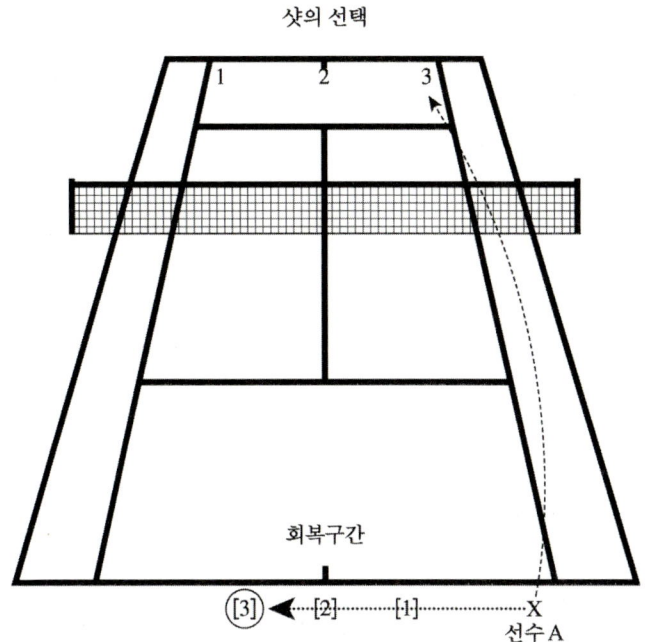

[그림 11-10] 다운더라인 샷은 정확한 코트 커버를 위한 가장 짧은 거리를 제공해 준다.

정리하면 베이스라인의 중앙에 자리 잡고 있을 때에는 볼을 어느 방향으로도 칠 수 있고, 볼을 친 후 자리로 돌아가 정확한 위치를 잡을 수 있는 시간과 공간적 이득을 많이 얻을 수 있다는 것이다(그림 11-9).

만약 코너로 끌려 다닌다면 크로스 코트로 볼을 치는 것이 자리로 돌아갈 수 있는 가장 짧은 거리가 된다. 그리고 코트의 가장 긴 부분을 이용하여 시간적으로도 많은 이득을 얻을 수 있고, 네트의 가장 낮은 부분으로 볼을 넘김으로써 실수를 줄일 수 있다(그림 11-8).

그러나 코너에서 다운더라인으로의 샷을 치고자 한다면 제자리로 돌아와 정확한 위치를 잡을 수 있는 시간 확보를 위해 높고 길게 볼을 쳐야만 한다(그림 11-10).

● 샷 패턴

왜 많은 선수들이 경기 중 랠리가 지속될 때 크로스 코트 패턴을 자주 사용하는지 앞의 내용을 통해 이해했을 것이다. 선수들은 다운더라인으로 샷을 할 때는 매우 조심스럽게 행동한다.

선수들은 크로스 코트를 적극적으로 공략하면서 포인트를 얻고 자신의 사이드를 수비한다. 어떤 선수도 오픈 코트 상태로 경기하지 않을 것이며, 상대방이 좋은 위치에서 마음먹은 대로 공격하도록 방치하지 않을 것이다.

선수들은 경기 초반에 자신의 장점을 돋보이게 하거나 상대방의 약점을 집중적으로 공략하기 위하여 포핸드-포핸드 패턴이나 백핸드-백핸드 패턴 중 어떤 것이 유리할 것인지에 대해 우선적으로 결정해야 한다.

● 네트에서의 위치 선정

네트에서 위치를 잡을 때의 목표는 상대가 칠 수 있는 타구의 중간 지점에서 준비하며, 네트에 접근하기 위해서는 다운더라인 어프로치 샷, 크로스 코트 샷, 그리고 느리면서도 높고 긴 볼을 치고 대쉬해야 한다. 네트에서의 좋은 위치 선정을 위해서는 다운더라인 어프로치 샷인데, 이것은 네트에서 가장 좋은 위치를 차지할 수 있는 최단 거리를 제공하는 이점이 있다(그림 11-11).

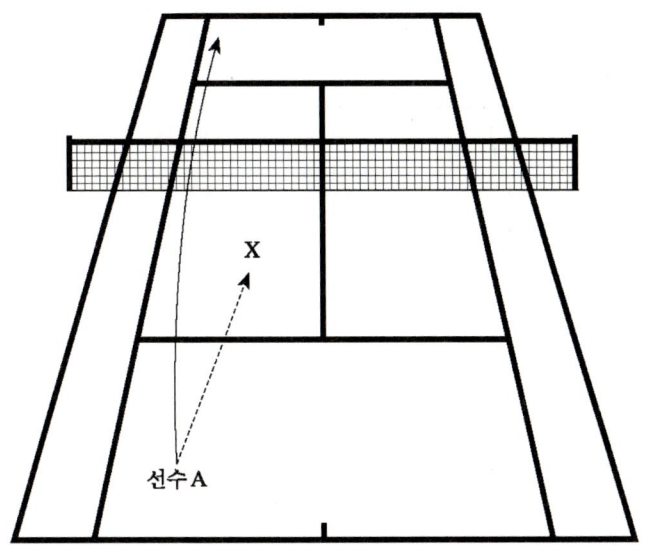

[그림 11-11] 다운더라인 어프로치 샷 후의 최적의 위치

또한 코트의 중앙에서 짧은 볼을 처리할 때, 다운더라인으로 어프로치 샷을 한 후 네트로 접근하여 자리를 잡으면 패싱 샷에 대한 각도를 많이 좁힐 수 있다. 그리고 베이스라인 안쪽에서 공격을 할 때에는 상대방에게 짧은 시간 안에 볼이 도달하기 때문에 자리를 잡는 시간도 그만큼 짧아진다. 그렇기 때문에 네트에서 공격할 기회가 생기면 어프로치 샷을 한 후 좋은 위치를 선점하기 위해서는 다양한 샷의 패턴을 이해하는 것이 중요하다. 예를 들어 상대방이 패싱 샷을 하도록 코트를 열어두고 크로스 코트로 접근한다면, 네트에

서 좋은 위치를 차지하기 위해서는 더 멀리 움직여야 한다. 그렇지만 포핸드나 백핸드로 볼을 많이 치도록 크로스 코트를 이용하는 것은 상대방이 어떤 스타일의 선수인가에 따라 다르게 적용시킬 수 있는 전략적 선택이 될 수 있다(그림 11-12).

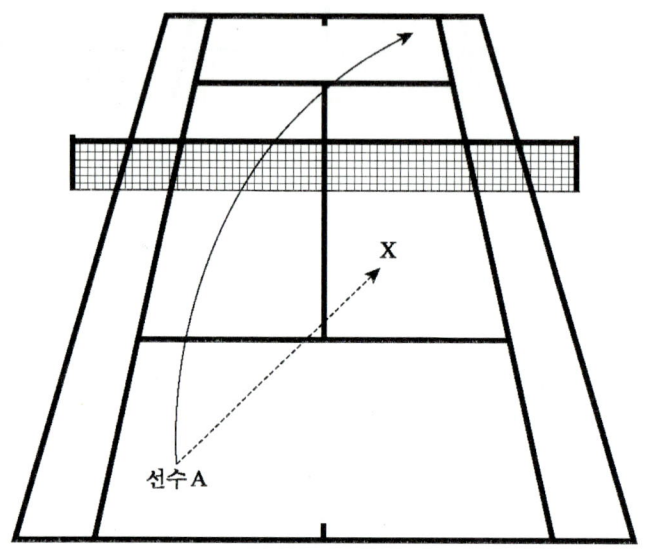

[그림 11-12] 크로스코트 어프로치 샷 후의 위치

한편 장시간의 랠리 중인 상황에서는 어떤 방법으로, 어떤 지점으로 어프로치 샷을 할 것인지 판단을 빨리 해야 한다. 상대방이 위기에 몰렸을 때에는 네트로 빨리 접근하여 포인트를 결정할 수 있는 위치를 확보하고, 어떻게 마무리할지 결정을 해야 한다. 그러나 적절한 위치를 선정하였다 하더라도 항상 반격당할 수 있음을 예상해야 한다(그림 11-13).

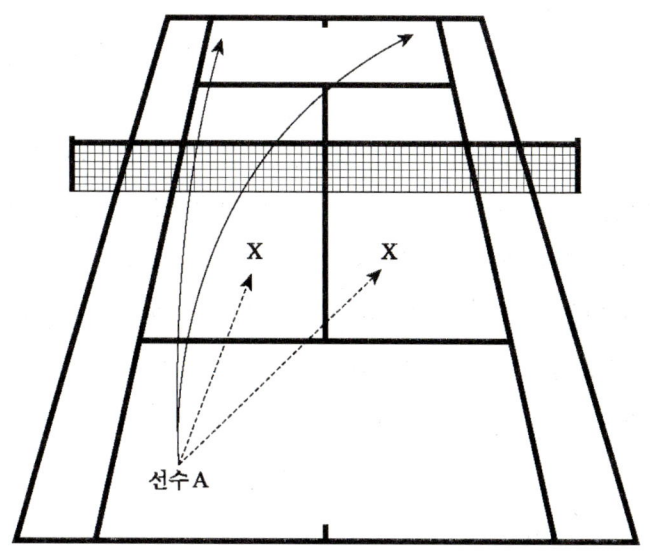

[그림 11-13] 다운더라인 어프로치 샷보다 크로스코트 어프로치 샷은 네트에서의 정확한 위치 선정을 위해 더 많은 움직임을 필요로 한다.

● 첫 발리

경기 중에 첫 발리로 포인트를 끝낼 수 있는 최적의 위치에 자리 잡는 경우는 많지 않을 것이다. 왜냐하면 두 번째 발리(제3구)에서 포인트를 결정짓기 위한 준비 단계로써 첫 발리를 사용하기 때문에 이 경우에는 첫 발리를 단지 어프로치 샷 정도로만 생각하고 어프로치 샷을 하는 패턴으로 첫 발리를 하는 것이 바람직하다. 다운더라인 발리는 두 번째 발리를 쉽고 편하게 할 수 있도록 코트에서의 적절한 위치를 잡는데 도움을 주고, 포인트를 결정지을 수 있도록 해 준다. 그리고 포인트를 끝내는 발리나 스매시는 코트의 빈 곳으로 공략하는 것이 일반적이다. 그러나 포인트를 끝낼 수 있도록 완전하고 정확하게 발리를 하지 못한다면 상대방의 역습에 대비하고 네트에서 좋은 위치를 차지하기 위해 더 많이, 더 멀리 움직여야만 한다.

네트에서 좋은 위치의 가치를 과소평가해서는 안 된다. 좋은 위치를 잡음으로써 좀 더 좋은 샷을 칠 수 있고 상대방에게 압박감을 주어 실수를 유도할 수도 있으며, 빠른 네트 대시에 이은 정확한 첫 발리도 상대방으로 하여금 실수를 유발시킬 수 있다. 또한 다운더라인 패싱 샷도 한 걸음 정도면 커버할 수 있고, 앵글 패싱 샷과 로브에 대해서도 항상 방어하고 커버할 수 있는 범위를 유지하는 것이 좋은 위치 선정이라고 할 수 있다. 상대방의 강점과 약점 및 특정한 샷을 구사하는 경향성에 대해 더 많은 정보를 알고 있으면 그것에 맞추어 위치를 조정할 수 있고, 보통 네트로부터 1.8~2.5m 정도 떨어진 지점에서 위치를 잡는 것이 효과적이다.

- **다양한 상황에서의 위치 선정**
- **랠리 중**
  - 크로스 코트 패턴은 득점을 하는 동안 자신의 위치를 방어할 수 있는 최고의 방법이다.
  - 볼을 길게 치지 못하거나 위닝 샷을 갖고 있지 않다면 자리로 돌아올 수 있는 시간적 여유를 얻기 위해 다운더라인으로 볼을 높게 치거나 볼의 속도를 조절해야 한다.

- **네트로 접근할 때**
  - 다운더라인 샷은 상대방에게 코트를 오픈 할 수 있는 기회를

빼앗음과 동시에 네트에서 좋은 위치를 차지할 수 있는 최단 거리를 제공해 준다.
- 코트 중앙에 떨어진 짧은 볼을 상대방 가운데로 강하게 침으로써 네트에서 좋은 위치를 선점함과 동시에 상대방이 패싱 샷을 할 수 없도록 한다.

• 첫 발리
- 첫 발리로 포인트를 끝낼 수 있는 위치에 자리 잡고 있지 않을 때에는 다음 발리나 스매시로 포인트를 얻을 수 있는 위치를 확보하기 위해 다운더라인이나 스트레이트로 어프로치 샷을 하듯이 해야 한다.

• 포인트 획득 관련 용어

테니스의 통계적 용어로써 위너(winner), 상대의 공격에 어쩔 수 없이 저지른 실수(forced error), 샷의 준비가 된 상태에서 순전히 자신의 잘못으로 저지른 실수(unforced error)를 득점하는 세 가지 방법이라고 한다. 위너란 상대방이 라켓으로 볼을 건드릴 수 없도록 하는 위닝 샷을 말하며, forced error는 상대방이 계속 수비하는 상황에서 발생한다. 그리고 unforced error는 준비할 시간적 여유가 있고, 다양한 방법으로 공격하며, 좋은 위치와 안정된 자세에서 샷을 구사할 때 발생하는 에러를 말한다.

많은 선수들은 경기 중에 공격 찬스를 이용한 위너의 획득 보다는 랠리 중 상대방이 수세에 몰렸을 때 수비 상황에서 실수를 유발하도록 전략을 세운다. 예를 들어 볼이 짧을 경우, 어떤 선수는 공격 에러를 범할 위험에도 불구하고 위너를 선택할 수도 있고, 어떤 선수는 짧은 볼을 처리한 후, 네트로 접근하여 상대방이 어려운 코스에서 패싱 샷을 하도록 유도하여 실수를 유발함으로써 포인트를 얻는 선택을 할 수도 있다. 후자의 선택은 상대방에게는 더 많은 압박감을 가하고 공격하는 선수는 좀 더 안전하고 쉽게 경기를 풀어갈 수 있도록 해 준다.

연습 방법

다운더라인과 크로스 코트

처음에 코트의 중앙으로 볼을 쳐서 랠리를 시작함으로써 상대방과 일정한 패턴을 유지한다. 한 선수는 모든 볼을 다운더라인으로 치도록 하여 10점까지 플레이한 후 양 선수 모두 두 가지 패턴을 연습할 수 있도록 샷 패턴을 반대로 바꾼다. 다운더라인으로 볼을 치는 선수는 정해진 지역에서만 볼을 치는 것이 아니라 예상하지 못한 넓은 범위에서 볼을 쳐야 하기 때문에 부지런히 움직여야 한다. 이 연습은 양 선수 모두에게 샷의 선택이 코트에서 자신의 정확한 위치 확보에 어떤 영향을 미치는지 경험하도록 해주는데 의미가 있다.

포핸드 크로스 코트와 제자리 잡기

양 선수 모두 오른손잡이라는 가정 아래 크로스 코트에서 포핸드로 랠리를 시작한다. 한 선수가 첫 볼을 상대방의 포핸드 코너로 치면서 연습을 시작하는데, 이 훈련의 요점은 매 번 샷을 한 후에 완전하게 제자리로 돌아가야 하며, 볼을 강하게 치기 보다는 연속적으로 정확하게 치는 것이 중요하다.

백핸드 크로스 코트와 제자리 잡기

이 연습은 선수들이 백핸드 패턴을 쓴다는 것을 제외하고는 포핸드 크로스 코트에서의 위치를 잡는 연습과 비슷하다. 포핸드 크로스 코트 패턴과 같은 방식으로 스코어를 매기고 두 가지 연습의 결과를 비교해 보면 장점과 일관성을 이해할 수 있다.

포핸드 크로스 코트에서의 공격

네트에 접근하여 공격하고 포인트를 획득하는 선수에게 보상을 주는 등, 공격적인 요소를 추가하면서 새로운 포핸드 패턴을 연습하는데 많은 도움을 줄 수 있다. 스코어는 0에서 시작하여 20점까지 얻는 것으로 하여, 양 선수가 포인트를 획득할 때 마다 1점을 얻고 발리나 스매시, 또는 상대방이 수비 위주의 경기로 일관하다가 범하는 실수에 대해서는 2점을 준다.

백핸드 크로스 코트에서의 공격

이 연습은 백핸드 패턴을 쓴다는 것을 제외하고는 포핸드 크로스 코트에서의 공격과 같은 방식으로 진행한다. 강도를 낮추는 것과 효과적으로 네트를 공략하기 위해 어느 패턴이 더 유용한지 결정하기 위해서는 두 연습 방법을 비교해 보는 것이 중요하다.

방향 전환 연습

이 훈련을 효과적으로 진행하기 위해서는 로프를 이용하여 네트를 사이드라인 위로 1m 정도 높이고, 코트의 중앙으로 랠리를 시작하면서 점차 랠리의 방향을 전환하도록 한다. 코너로 자신의 위치가 몰렸을 때에는 뒤쪽에서 자리를 잡는 것이 중요하며, 로브로 넘겨야 한다. 또한 볼의 방향 전환을 원활하게 하기 위해서는 슬라이스로 로프 아래를 지나도록 샷을 구사하는 것도 하나의 방법이 될 수 있다. 그리고 코트의 중앙에 위치했을 때 볼의 방향을 전환하는 것이 가장 쉽고 효과적이다.

포인트 획득을 위한 전술

기본적인 전략과 패턴에 대해 이해하였으면 포인트를 얻는 방법과 전술에 대한 개념에 대해 알아보는 것도 중요하다. 대회에 출전하는 선수들은 경기에 대한 전략을 계획하고 적절하게 포인트를 획득할 수 있는 심리적인 방법을 모색하는 것도 필요하다. 선수들은 시합에 적용되는 여러 가지 부분적 요소들을 조화롭게 응용하는 방법과 자신만의 독특한 스타일을 중심으로 시합에 대한 구체적인 계획을 세워야 한다.

경기 심리

경기 심리란 시합에 임하는 선수들의 태도와 생각의 과정, 그리고 결단력 등을 결정하는 선수 개개인이 간직한 마음의 틀이며, 시합이라는 중압감 속에서 선수들이 어떻게 반응하는 지에 영향을 미치는 것이라고 할 수 있다. 많은 선수들은 경기에서 발생하는 다양한 상황들이 자신의 심리에 많은 영향을 미치며, 자신보다 기량이 뛰어나거나 경기 수행력이 떨어지는 선수와 경쟁할 때 심리적인 압박을 많이 받을 수 있다. 그러므로 이러한 두 가지 상황 모두 경기 심리에 영향을 미칠 수 있는 또 다른 형태의 압박감으로 작용할 수 있다.

심리적인 함정

비슷한 기술과 능력을 가진 선수들이 경기를 할 경우 마음의 평정을 유지하기란 매우 어렵다. 이런 형태의 경기는 종종 두 선수를 심리적 압박의 상황으로 몰아 심리적 함정에 빠지게 할 수 있다. 한 가지 예는 전력을 다하는 심리적인 함정이다. 이것은 선수가 스윙하는 순간 마다 포인트를 얻으려고 할 때 일어나는 현상으로, 선수는 상대방을 완벽하게 제압하기 위해 전력을 다할 때 심리적인 함정이 작용할 수도 있다. 또 다른 심리적인 함정은 기량이 월등한 상대방과 경기할 때 발생한다. 이 경우에는 자신이 경기를 잘 풀어나갈 경우 포인트를 얻을 수 있다고 생각하면서도, 최선을 다하는 일관성의 유지가 힘들어 결국에는 더 많은 실수를 초래하여 패배하게 된다. 반면에 선수는 심리적 압박에 망설여 심리적인 함정에 빠질 수도 있다. 심리적인 압박이 가중되면 선수는 실수를 두려워하여 베이스라인으로부터 멀리 떨어져 오로지 수비 형태로만 경기를 하게 된다. 이러한 선수는 경기를 일관성 있게 유지할지라도, 스코어를 조절하는데 어려움을 겪게 되고, 늘 수비만 하게 된다.

포인트를 얻기 위한 네 가지 단계

▶ **1단계 : 시작 단계**

포인트는 서브와 리턴으로부터 시작된다. 1단계에서는 점수를 얻기 위해 효과적으로 서브를 넣고 리턴을 해야 하며, 제1구에서부터 포인트를 잃는 것을 방지해야만 한다. 대부분의 선수들은 서브와 리턴을 득점으로 연결시키려고 노력하기 때문에 1단계에서 일관성을 유지하기란 쉽지 않다. 그렇기 때문에 서브 에이스와 리턴으로 얻은 점수는 샷을 했을 때의 위치 선정이 좋았기 때문이므로 서브 에이스와 리턴이 얻은 점수의 대부분이 되어서는 안 된다. 포인트를 따려는 마음가짐은 1단계에서부터 시작되며 이것은 경기를 하는 동안 일관성을 향상시켜 주는 요인으로 작용한다. 그러므로 좀 더 창의적으로 경기를 운영하고 효과적으로 포인트를 얻으려면 샷의 선택부터 올바르고 정확하게 해야 한다.

▶ **2단계 : 준비 단계**

만약 포인트가 서브나 리턴에서 결정되지 않고 어떤 선수도 네트에 접근하려고 하지 않는다면 포인트는 2단계인 베이스라인에서 끈질기게 랠리로 이어진다. 찬스를 포착하기 위해 농구 선수들이 볼을 돌리듯이 랠리 중에 기회를 얻기 위해서는 샷의 패턴과 방향을 전환하면서 양 선수 모두 경기의 페이스와 스핀의 양, 볼의 궤적 등을 다양하게 변화시켜야 한다. 랠리 중에 실수를 많이 하는 선수들은 종종 성공률이 낮은 찬스에서 포인트를 얻기 위해 과감한 공격을 많이 시도하기도 한다. 그러나 베이스라인에서 플레이하는 목적은 성공률이 높은 기회를 만들기 위한 준비 단계라고 할 수 있다. 그러므로 꾸준하게 랠리를 하면서 공격을 지양하고, 확실한 기회를 포착하기 위해 다양하고 효과적인 샷을 구사할 정신적인 준비를 하는 것이다.

▶ **3단계 : 찬스 볼**

찬스 볼은 서브나 리턴 자체로 얻을 수도 있지만, 지속적인 랠리 중에서도 포착할 수 있다. 짧은 볼이나 오픈 코트, 그리고 앵글 또는 드롭 샷과 같은 다양한 상황에서 찬스 볼을 포착하는 것이 중요하다.

- **짧은 볼** : 짧은 볼은 가장 포착하기 쉬운 기회인데 런닝 스트로크나 상대방의 수비에 의한 소극적인 샷으로부터 얻을 수 있다. 짧은 볼은 즉각적인 득점으로 이어지거나 어프로치샷을 한 후 네트 플레이를 할 수 있는 기회로 연결된다.
- **오픈 코트** : 오픈 코트의 기회는 상대방을 코트 밖으로 밀어낼 수 있는 다양한 샷의 조합을 통해서, 그리고 상대방의 위치 선정이 좋지 않았을 때 적절한 샷을 구사하면 얻을 수 있다.
- **앵글 샷과 드롭 샷** : 앵글 샷과 드롭 샷은 포인트를 끝낼 수 있는 기회를 제공하고, 랠리에서 벗어날 수 있도록 하는데 유효하다. 날카로운 앵글 샷과 드롭 샷은 상대방을 코트 밖으로 밀어내거나 네트 앞으로 끌어들이는데 매우 효과적이다.

▶ **4단계 : 마무리**

4단계는 찬스 볼로 포인트를 마무리하는 것으로 설정할 수 있다.

공격적인 샷을 만들어 내는 선수는 직접적인 위너로 포인트를 끝내려고 노력하는 반면, 다른 스타일의 선수는 네트 플레이를 선호할 수도 있다. 네트로 접근하면 상대방은 로브나 패싱 샷을 구사하려는 압박감 속에서 실수를 범할 수 있다. 이렇게 함으로써 찬스를 포착하고 포인트를 마무리하는 것이 4단계이다. 그러므로 포인트를 획득하고 게임을 마무리하기 위해서는 스트로크와 샷의 적절한 조합을 통해 자신의 플레이 스타일에 맞는 시합 계획을 만드는 것이 무엇보다 중요하다. 결국 포인트를 얻는 다는 것은 언제 어디에서든지 득점을 하고 실점을 하는 과정의 반복으로 이루어진다.

포인트 획득 의지

경기에 대한 계획은 단지 볼을 상대방에게 넘기면서 플레이 상태를 유지하는 것이 아니라 승리라는 확고한 목적을 가지고 있기 때문에 포인트를 얻으려는 의지가 없다면 결코 좋은 결과를 기대할 수 없다. 경기를 하면서 위너의 수와 비슷한 정도로 실수를 한다면 이것은 서로 상쇄되는 부분이기 때문에 포인트를 획득하는 과정을 이해한다면 공격하는 횟수를 줄이지는 않을 것이다. 그러므로 자신이 갖고 있는 다양하고 일관성 있는 스트로크와 샷을 구사하여 포인트를 얻고 지키기 위해서는 공격적인 선수가 되어야 한다.

• 상대의 위너를 두려워하지 마라

포인트를 획득하고 게임에서 승리하기 위해서는 상대방의 몇 개의 위너 때문에, 두려워하여 자신이 세운 전략을 바꾸는 것은 금물이다. 계획을 고수하고 승리의 여신은 내 편이라는 믿음을 갖는 것이 중요하다. 그러나 상대방이 코너에 몰리거나 어려운 상황에서도 실수보다는 더 많은 위너를 만들어 낸 다면, 상대방의 실력이 뛰어나고 컨디션 또한 최상이기 때문에 승리할 만한 충분한 자격을 가졌다고 인정하면 되는 것이다. 자신은 최선을 다했으니까…

• 포인트 쌓기

경기 중 많은 기회에서는 어떤 샷으로 위너를 만들어야 하는지 전략적으로 선택해야 한다. 다양한 샷과 창의적인 플레이는 포인트를 얻는데 도움이 되고 상대방으로 하여금 심리적으로 혼란을 겪게 할 수 있다.

• 서브의 선택

경기에 임하는 선수들은 퍼스트 서브를 단순히 강하게만 넣으려 하고 세컨 서브는 스핀을 주어 안전하게 넣는 것으로 생각한다. 그러나 이런 단순한 생각은 예측 가능한 서브로 이어지며 리터너로 하여금 어떤 서브가 올지 예상하게 만든다.

야구 경기에서 투수가 직구만 던진다면, 타자는 바로 예측하게 되어 투수는 난타 당하게 되기 때문에 볼의 스피드와 스핀, 던지는 위치를 변화시키는 등 다양한 투구를 함으로써 타자로 하여금 예측할 수 없게 해야 한다.

테니스 경기에서도 서버는 다양한 선택권을 이용해야 한다. 예를 들어 퍼스트 서브를 플랫이나, 스핀, 킥 서브 등을 이용하여 속도와 위치를 변화시킴으로써 리터너를 혼란시킬 수 있다. 스핀과 볼의 속도를 혼합시키면 리터너로 하여금 서브의 타이밍을 맞추기 어렵게 할 수 있다. 그리고 퍼스트 서브의 성공률을 높임으로써 상대방에게 압박감을 줄 수 있으며, 반대로 퍼스트 서브의 확률이 낮아지면 리터너에게 공격할 수 있는 기회를 주게 된다.

더블 폴트를 줄이기 위해서는 스핀 서브를 이용하고 서비스 에어리어의 중앙을 목표로 하는 것이 효과적이며, 스핀 서브의 성공률을 높이기 위해서는 스윙을 역동적으로 하는 것이 중요하다. 그리고 다양한 스핀 서브를 넣기 위해 토스의 위치를 변화시키고, 슬라이스 서브와 킥 서브를 혼합하여 사용하는 것도 효과를 얻을 수 있지만, 지나치게 많은 변화는 리듬감을 잃게 되어 실수를 유발할 수 있다.

따라서 중요한 포인트 즉, 브레이크 포인트, 매치 포인트에서 퍼스트 서브를 목표지점에 정확하게 넣어야 하는 것은 너무도 당연한 것이다.

• 리턴의 선택

강한 서브를 넣는 선수들을 상대로 서브 리턴으로 포인트를 얻는다는 것은 반응 시간이 너무 짧기 때문에 매우 어려워 어떤 위치에서 리턴을 하느냐 하는 것이 가장 중요하다. 리턴해야 할 위치는 서버의 파워와 리터너의 리턴 능력, 플레이 스타일, 그리고 전략 등에 따라 달라질 수 있으나, 대체로 서브가 가장 많이 들어오는 지점의 중간에서 준비 자세를 취하는 것이 일반적이다.

그리고 많은 선수들은 퍼스트 서브를 리턴할 때 어떤 샷으로, 어떤 방향으로, 어떻게 서버의 파워를 이용하여 리턴할 것인지 목표를 정하고 있기 때문에 간결한 스윙으로 리턴한다.

세컨 서브의 리턴은 리터너에게 보다 공격적인 샷의 구사가 가능하며, 리턴을 잘 하는 선수들은 중요한 포인트에서 리턴하는 위치를 변화시킴으로써 서버로 하여금 어느 구역에 세컨 서브를 넣어야 할지 심리적 압박을 가하여 더블 폴트를 유도하기도 한다.

크로스 코트로 리턴을 하는 것은 리터너가 오랫동안 랠리 할 목적을 지닌 것이며, 세컨 서브를 다운더라인으로 리턴하는 것은 네트로 접근하여 쉽게 포인트를 얻을 생각을 표현하는 것이라고 생각할 수 있다. 그렇기 때문에 퍼스트 서브나 세컨 서브의 리터너의 샷 선택은 전적으로 전략에 의존한다고 할 수 있다.

• 베이스라인에서의 선택

코트에서의 위치 선정에 유리한 샷과 패턴에 근거하여 자신의 파워와 체력, 그리고 약점 등을 포함하여 랠리 중에 선택해야 할 몇 가지 사항들을 고려해봐야 한다. 우선 경기 초반에 포인트를 얻기 위해서 포핸드 크로스 코트 패턴을 사용할 것인지, 백핸드 크로스 패턴을 사용할 것인지를 결정해야 한다. 또 크로스 코트로 볼을 쳤을 때, 상대방이 다시 크로스 코트로 되받아 칠지 아니면 코트의 중앙으로 칠지를 판단해야 하며, 상대방이 중앙으로 볼을 넘겼다면 좌우 코너 어느 쪽이든 공격이 가능해야 한다. 그리고 상대방이 랠리 중에 다운더라인으로 방향을 전환했다면, 오픈 코트를 이용하거나 적어도 포인트를 얻을 수 있도록 크로스 코트로 샷을 한다는 생각을 자동적으로 해야 한다.

또한 상대방의 볼이 코트의 중앙으로만 몰린다면 좌우 코너로 샷을 나누어 칠 수 있는 기회를 얻어, 상대방을 많이 뛰게 만들 수 있다.

앞에서도 논의한 것이지만 랠리 중에 볼의 방향을 전환하기 위해 다운더라인으로 볼을 치면, 제자리로 돌아와 준비할 수 있는 시간이 충분하고, 계속 득점할 수 있는 기회를 얻을 수 있도록 공격할 필요가 있다. 그리고 찬스를 얻기 위해 스핀과 스피드, 샷의 궤적의 제어를 통해 크로스 코트로 다양하게 공격하면 상대방은 리듬을 잃게 되며, 상대방의 코트를 오픈 시킬 수 있도록 앵글 샷을 이용하는 것도 좋은 전략이라고 할 수 있다.

• 찬스 볼의 선택

찬스 볼은 그 자체로 공격적인 상황이 될 수 있으며, 포인트를 마무리 할 수 있게 해 준다. 포인트마다 변할 수 있는 찬스를 어떻게 잘 선택하여 이용하느냐 하는 것은 경기 중의 심리적 상황과 스타일에 의해 결정되는데 많은 종류의 찬스 볼을 처리할 때 고려해야 할 사항들은 다음과 같다.

짧은 볼은 많은 선택권을 제공해 주는데 그 중의 하나가 어프로치 샷과 함께 네트 공격이다. 앞에서 언급한 대로 다양한 상황에서의 어프로치 샷의 방향은 네트에서 위치를 잡는데 많은 영향을 미친다. 코트의 중앙에서 다운더라인이나 센터 쪽으로 볼을 치고 네트로 접근하면 아주 짧은 거리에서 네트 플레이 하기에 가장 좋은 위치를 차지하여 상대방에게 압박을 가할 수 있다.

그러나 몇몇 선수들은 오픈 코트를 만들고 짧은 볼을 이용하여 위너를 만들기를 선호하지만, 공격 위주의 플레이는 실수를 많이 유발할 수 있는 위험성을 갖고 있는 것도 사실이다.

　오픈 코트의 찬스는 보통 코트를 열기 위한 다양한 샷들을 조화롭게 연결했을 때 얻을 수 있으며, 공격적인 샷으로 포인트를 끝낼 수 있다. 그리고 상대방이 적절하게 제자리로 돌아오지 못하고, 코트를 커버할 수 있는 위치를 벗어나도록 샷을 했을 때에도 오픈 코트의 찬스를 얻을 수 있다. 경기 중에 오픈 코트의 기회를 포착하면, 포인트를 끝내는 위닝 샷은 실수를 범할 위험이 있기 때문에 라인을 목표로 삼지 말고, 코트를 넓게 보고 샷에 대해서는 공격적이 되어야 한다.

　그리고 앵글 샷과 드롭 샷은 직접적인 위너를 만들 필요는 없고, 포인트를 마무리하기 위한 과정이라고 생각할 수 있다. 상대방을 코트에서 벗어나게 하거나 네트로 유인하여 수비적인 상황으로 몰고 갈 수 있으며 랠리에서 벗어나도록 유도할 수 있다.

　네트 플레이를 주로 하는 선수들은 정확한 어프로치 샷을 한 후 네트로 접근하여 베이스라이너가 많은 실수를 범하도록 유도하거나, 정확한 첫 발리로 상대방을 수비 상황으로 몰아 쉽게 득점할 수 있는 찬스를 얻는다. 그러나 패싱 샷이나 로브에 능숙한 선수는 오히려 상대방을 네트 앞으로 끌어들여 위치 선정을 어렵게 만들고 수비 상황으로 묶어 두어 포인트를 얻을 수 없는 상황을 만들기도 한다.

　네트 앞에서 위치를 잡을 때에는 다운더라인이나 로브에 대비하고, 앵글 패싱 샷을 커버할 수 있는 위치를 유지하는 것이 좋다.

　네트 플레이어와 경기를 할 때에는 각이 많은 앵글 샷과 다운더라인 패싱 샷으로 찬스를 만들고 로브도 적절하게 사용해야 한다.

그리고 네트 플레이어의 위치에 시선을 고정시키고, 상대방이 네트 가까이에서 플레이한다면 네트에서 물러날 수 있도록 로브를 이용한다면 패싱 샷은 큰 효과를 볼 수 있다.

전술적 조합

선수들은 경기에서 승리하기 위해 찬스 볼이나 오픈 코트를 만들어야 하며, 다양한 샷을 조합해 많은 전술을 만들어야 한다.

- 서브와 발리 : 패싱 샷을 하려는 상대방에게 즉각적인 압박을 주기 위해 사용하며, 포인트를 얻기 위해 오랫동안 랠리하는 단계를 벗어나 네트 플레이로 자신의 파워를 보여줄 수 있다.

- 슬라이스 어프로치 샷 : 상대방의 세컨 서브를 리턴하면서 네트로 접근할 때 주로 사용되고, 다운더라인으로 치는 것이 더욱 효과적이다. 이 샷을 자주 사용하면 세컨 서브를 넣을 때 서버에게 큰 압박감을 줄 수 있다.

- 깊은 각도의 앵글 샷과 크로스 코트 : 랠리 중에 날카로운 각도의 앵글 샷은 상대방을 코트 밖으로 밀어낼 수 있으며, 오픈 코트를 향해서 공격적인 크로스 코트 샷을 칠 수 있는 기회를 만든다.

- 코너에서 코너로 : 상대 선수가 코트 중앙으로 반복적으로 볼을 깊게 치는 경향이 있을 때, 상대방이 많이 뛰도록 좌우 코너로 볼을 갈라서 칠 수 있는 전술이다. 이 전술은 상대가 실수를 하거나 오픈 코트를 남겨 두도록 하는데 있다.

- 코너와 볼을 길게 보내기 : 성공적으로 코너에서 코너로 볼을 갈라 치는 기술을 이용했을 때, 효과를 볼 수 있다. 코너를 노린 후 코트 뒤쪽으로 길게 볼을 치는 이 전술은 반대의 코너로 칠 것이라는 상대방의 예측을 역이용하는 것이며, 볼을 길게 치는 것은 방심을 노리는 것이다.

- 포인트 오래 지속하기 : 포인트를 장시간 지속함으로써 상대방에게 정신적으로 동요를 일으키고, 오래 버티면서 상대방의 인내심을 테스트하는 것이다. 이것은 경기에서 상대방의 리듬을 끊기 위한 효과적인 전술이며, 오랜 시간의 랠리에서 경기를 지배할 수 있다는 것은 상대방에게 더 많은 실수를 이끌어내고 정신적인 압박을 가하는 효과도 얻을 수 있다.

- 스윙 발리 : 공격적인 베이스라이너는 바운드 된 볼을 치기 위해 스윙 발리를 사용하는데, 특히 높게 날아오르는 볼에 효과적이다. 선수로 하여금 짧은 볼을 기다리지 않고 네트로 빠르고 쉽게 접근할 수 있도록 해 준다.

- 드롭 샷과 로브 : 랠리 중에 백핸드 슬라이스로 드롭 샷과 로브를 구사할 수 있다. 드롭 샷으로 상대방을 네트로 다가오게 한 후, 로브로 열린 백코트를 이용할 수 있도록 두 샷을 잘 조합하여 완성시키면 많은 효과를 얻을 수 있다.

- 다운더라인 샷과 크로스 코트 : 이 전술은 코트를 열어둔 후, 포인트를 마무리하기 위한 가장 좋은 방법이다. 이것은 랠리 중에 사용될 수 있지만 어프로치 샷에 이은 발리에서

가장 효과적이다. 다운더라인으로 접근하여 네트에서 위치를 잡고 앵글 발리로 포인트를 마무리하는 것이 교과서적인 패턴이다.

지금까지 적절한 샷의 선택이 코트를 방어하기 위한 능력과 좋은 위치 선정, 그리고 자리를 잡는데 필요한 시간 등에 어떠한 영향을 미치는지 알아보았다. 또한 포인트를 얻기 위해 경기 중에 심리 상태를 어떻게 유지해야 하는지, 경기의 매 단계를 위한 목표를 어떻게 구성하고 이해해야 하는지, 그리고 자신의 파워와 플레이 스타일에 근거하여 어떤 전술을 활용해야 성공적인 경기를 수행할 수 있는 지도 알아보았다.

이를 바탕으로 경기에서 승리하기 위해 좀 더 많은 준비를 하고, 길고 지루한 랠리가 이어지는 경기 상황도 생각해보아야 하며, 끝까지 해낼 수 있다는 마음의 준비를 갖추어야 한다. 그리고 가능한 한 자신이 할 수 있는 최선의 방법을 이용하고, 절대 포기하지 말아야 한다. 상대방이 지쳤다면 더욱 압박을 가하고, 흔들림 없이 경기 계획을 고수하면서, 강한 추진력으로 경기를 지배하는 것이 중요하다.

경기에서 지고 있거나, 계획이 실패했다면 계획을 수정하거나 모험을 걸어 상대방의 페이스를 늦추고 추진력을 약화시켜 경기력을 무너뜨릴 수 있는 다양한 방법들을 동원해야 한다.

그리고 상대방의 장점과 약점을 확실하게 파악하고, 자신의 샷 패턴이나 포인트를 얻는 주된 방법을 상대방이 파악하고 있는지의 여부를 확인하기 위해 경기 초반에 시험해 볼 필요가 있다.

시합 준비

시합에 대해 완벽하게 준비되었다고 느끼는 것이 가장 큰 자신감 중 하나이다. 이러한 믿음을 목적으로 승화시켜 훈련하고, 다가올 시합에 대한 단기간의 목표를 세움으로써 몸과 마음의 상태를 더욱 훌륭하게 조절하고 향상시킬 수 있다. 또 시합을 준비하면서 확실하고 일관성 있게 훈련을 소화해내고 기량을 발전시킴으로써 경기 전에 느낄 수 있는 심리적 압박감이나 불안감 등 경기력에 악영향을 미치는 난제들을 어느 정도 완화시킬 수 있다.

일상의 훈련에 있어서도 시합과 연관시켜 며칠 전 부터 신체적인 능력에 영향을 미치는 충분한 숙면과 적절한 식사, 경기장으로 이동하는데 소요되는 시간이나 교통편에 대한 정확한 정보를 입수해야 한다. 스트레칭으로 준비 운동을 실시해야 하며, 라켓, 운동화, 물, 타올, 스트링, 모자, 양말, 의류, 식품 등을 넉넉하게 준비하는 것도 잊어서는 안 된다.

테니스 경기의 많은 부분을 차지하는 것이 정신력이라는 보편적 인식이 존재함에도 불구하고 일관되고 신뢰할 수 있는 정신 자세에 대한 준비를 계획하고 개발하려는 선수들은 거의 없다.

그렇기 때문에 선수들은 시합 전에 다음과 같은 정신적 준비를 확실하게 해야 할 필요성이 있다.

첫째, 선수들은 자신의 경기력 수준에 맞게 시합에 대한 계획을 세워야 한다. 무엇이 자신의 장점이고 어떻게 자신의 장점을 발휘할 것인지? 어떻게 자신의 약점을 감출 것인지? 이런 전략들을 성공적으로 수행하기 위해 심상화 훈련을 통한 시합에 대한 계획을 스스로 실행해 보는 것도 매우 효과적이다. 그러나 심상화는 정확해야 한다. 선수는 자신감으로 가득 찬 승리자가 된 것 같은 기분을 느끼면서 스스로 강력하게 이미지를 실행하여 자신이 상대방보다 우월하다는 것을 느껴야 한다.

시합에 들어가기 전 몇 분 동안 조용한 시간을 갖고 자신이 이 시합에서 실행하기로 한 플레이 스타일을 어떻게 수행할 것인가? 상대방을 압도하기 위해 어떤 스트로크를 구사하고 포인트를 어떻게 얻을 것인가에 대해 정신을 집중하는 노력이 필요하다. 그리고 코치는 선수가 시합 전에 흥분감을 너무 과도하게 나타내서도 안 되고, 너무 느긋하지도 않도록 조절해 주어야 한다. 긴장을 풀고 긴 호흡을 통해 지나친 흥분을 조절할 수 있도록 조언해 준다. 한편, 선수를 자극시키는 전략은 침체해 있을 때 얼마 동안은 효과를 볼 수 있다.

반면에 시합 당일 주위의 상황으로 인해 잘 정리된 시합 계획과 훌륭한 전략을 불가피하게 변경할 수도 있다. 그렇기 때문에 코치는 주변의 발생 가능한 문제점이나 정신적 혼란을 일으킬 수 있는 다양한 변수들에 대해 선수들이 의연하게 대처하고 능동적으로 해결해 나갈 수 있는 특별한 계획을 마련해 놓아야 한다. 그러므로 코치는 주변 환경에 잠재되어 있는 문제점들에 대해 생각해보고 해결책을 모색해 보는 것도 많은 도움이 될 것이다.

다음은 수시로 발생할 수 있는 몇 가지 예를 들어본 것이다.

만약 경기 전 상대방이 무례하게 행동한다면 어떻게 할 것인가? 만약 상대방이 과도하게 호의적이고 말이 많다면 어떻게 대응할 것인가? 시합 중에 발생할 수 있는 코치와의 갈등, 또는 시합 시작 직전에 부모님이 관중석에 앉아 계신 모습을 본다면 어떻게 행동할 것인가?

한 번도 이겨본 경험이 없는 선수와의 경기에서 세트 올, 6:6 타이브레이크 상황이 되었다면 어떻게 반응할 것인가? 상대방이 반칙을 하거나, 상대방을 큰 소리로 응원하는 관중들처럼 정신집중을 방해하는 상황에서는 어떻게 대처할 것인가?

불운은 시합 전이나 시합 도중에 다양한 형태로 다가온다. 모든 주변의 상황들을 통제할 수 있도록 준비하는 것이 최적의 수행으로 이어지며, 컨트롤하기 어려운 상황들을 효과적으로 다룰 수 있다면, 자신이 통제할 수 있는(마음가짐, 집중, 노력 등) 것들에 더욱 집중할 수 있도록 도움을 줄 것이다.

지고 있을 때의 경기

칼 샌드버그는 "끝날 때까지는 완전히 끝난 것이 아니다."라는 유명한 말을 남겼다. 이 메시지는 고군분투하면서 끈질기게 투혼을 발휘하면, 이길 가능성이 없는 경기나 게임, 세트를 역전시킬 수 있다는 것이다. 경기를 지속하기보다 포기하는 것이 더 나아보일 때에도, 진정한 승자는 마지막 휘슬이 울릴 때까지 계속 경기에 임할 것이다라는 말로 대신할 수 있을 것이다.

정신적인 어려움 속에 위대한 선수가 태어난다고 한다. 승패에 관계없이 위대한 선수들은 최선을 다해 포인트를 얻으려고 노력하며, 포인트와 상관없이 경기를 포기하지 않는다. 그리고 위대한 선수들은 패배했을 때, 마음과 영혼을 코트에 남겨둔다. 이런 훌륭한 선수들은 경기 후에 "나는 경기에 내 모든 것을 쏟아 부었기 때문에 나에게 남겨진 것은 아무것도 없다."라고 한다. 자신이 만약 이러한 태도를 지녔다면, 이것은 어떠한 패배이든 승리했음을 의미한다.

테니스 선수들이 이렇게 좋은 습관을 길들이고, 지속적인 마음의 준비와 정신 집중에 중점을 둔다면 월등한 정신력을 바탕으로 성공적인 경기를 할 수 있을 것이다.

스포츠 심리학자들은 선수들이 위닝 샷과 매치포인트 장면을 차례로 떠올리라고 말한다. 그리고 심호흡을 깊게 하고, 라켓의 스트링을 다시 정리하고, 집중력을 발휘하는 자신만의 독특한 경기 운영 방법을 만들어 나가는 것이 매우 효과적이라고 한다.

정리하면, 승리는 정신적 측면의 한 부분이며, 경기를 지속할 수 있을 때 승리도 따라 온다는 믿음을 갖는 것이 중요하다. 득점은 이에 수반되는 부차적인 것이다. 자신의 마음속에 전체적인 경기 장면을 그려보면서 각각의 포인트와 게임을 관리해야 한다. 이러한 것들을 실행할 수 있다면 점수와 상관없이 언제나 승자가 될 수 있다.

이기고 있을 때의 경기 집중

스포츠에 있어서 어느 종목을 막론하고 가장 어려운 문제는 경기에 이기고 있을 때 계속 집중하는 것이다. 예를 들어 첫 세트를 승리하고 세컨 세트를 5:2로 이기고 있는 상황에서 경기를 내주는 것은 몇 가지 예를 통해서 알 수 있다.

첫째, 상대방은 경기에서 패할 위기에 처해 있다면 이전의 상황에서 보다 더 많은 힘을 발휘하고 정신력을 재정비하여 패배의 위기에서 벗어나려 파이팅 한다. 반면에 자신은 더욱 조심스럽게 플레이할 것이며, 몇 번의 잘못된 판단이 상대방에게 위기 탈출의 추진력으로 작용한다면 승부는 예측할 수 없는 상황으로 반전될 것이다.

둘째, 이기고 있는 상황에서는 경기 스타일을 바꾸지 말라는 것이다. "이기고 있는 경기에서 더욱 집중하는 것을 제외하고는 경기 스타일을 바꾸지 말아야 한다."라는 테니스에 관한 명언이 있다. 이 말은 베이스라인 스타일에서 서브 앤드 발리 스타일로 바꾸지 말고, 이기고 있던 스타일로 경기를 유지하라는 것이다.

셋째, 승자의 습관은 한 번에 한 포인트씩 획득하는 것과 점수는 생각하지 않고 경기하는 것이 일반적이다. 승리가 임박한 것처럼 보일 때 패배하는 것은 어느 운동 종목에서나 종종 볼 수 있다. 공식은 없지만 이기고 있는 경기를 내어 주는 것을 막을 수 있는 유일한 방법은 질 높은 연습을 통해서 자신을 단련시키는 것 밖에 없다. 그리고 경기를 앞서가고 있을 때 경기를 끝내는 방법을 배워야 한다. 질 높은 연습은 질 좋은 경기를 만들어 낸다는 사실을 기억해야 한다.

파워 플레이어와 경기하는 방법

파워 플레이어와 경기하는 방법을 이해하기 위해서, 우선 파워 플레이어들의 파워와 경향성을 이해해야 한다. 파워 플레이어들은 위너를 많이 만들고 빠르게 포인트를 결정함으로써 두 가지 것을 얻을 수 있다.

첫째, 상대방이 경기 중에 볼을 라켓에 대지 못하게 함으로써 낙

담하게 만들 수 있다.

둘째, 파워 플레이어들은 연속되는 위너를 만들기 때문에 상대방은 수비 실수를 하게 된다. 파워 플레이어들은 상대방이 자신감을 회복하거나 좋은 신체 리듬을 되찾을 시간적 여유를 갖지 못하도록 하기 때문에 빠르게 포인트를 결정하려고 노력한다. 그러나 파워 플레이어들은 경기가 오래 지속 될수록 많은 어려움을 겪게 된다. 그러므로 파워 플레이어들이 어떤 볼을 좋아하고 장점이 무엇인지 이해했을 때, 좀 더 쉽게 반격하고 경기를 잘 풀어나갈 수 있을 것이다.

셋째, 기술적인 관점에서 초기 준비는 필수적이다. 볼이 강하고 빠르기 때문에 네트를 넘어오거나 바운드 될 때까지 기다릴 여유가 없다. 볼이 상대방의 라켓에서 떠났을 때 준비하고 반격해야 한다. 또한 강한 힙과 빠른 어깨 턴을 지니고 있어야 하며, 스윙은 안정된 밸런스와 위치 선정을 확보하기 위해 동일한 동작으로 이루어져야 한다. 볼을 앞에 놓고 상대방의 파워를 이용하기 위해 테이크백을 작게 해야 하는 것도 반드시 기억해야 한다.

그리고 자신의 위너보다 파워 플레이어의 실수로 점수를 획득하려고 노력해야 하며, 가능한 한 랠리를 오랫동안 지속할 수 있도록 경기를 이끌어 나가야 한다.

넷째, 극도의 인내심을 갖고 경기를 해야 한다. 파워 플레이어는 빠르게 득점하기를 좋아하는 경향이 있어 가능하다면 언제라도 상대방 볼의 파워를 상쇄시키기 위해 페이스의 변화를 이용해야 한다. 파워 플레이어는 느린 속도로 베이스라인에 떨어지는 볼을 까다로워하기 때문에 높고 깊은 볼을 많이 사용해야 효과적이다. 이러한 종류의 타구는 파워 플레이어를 귀찮고 혼란스럽게 만들기 때문이다.

　마지막으로 다음 샷을 대비하고 더 많은 시간을 확보하기 위해서 베이스라인 뒤쪽에서 준비해야 한다. 그러나 상대방이 앵글 샷을 치기 시작한다면 커버할 수 있는 코트의 면적을 줄이기 위해 베이스라인에서 가깝게 이동해야 한다.

　위와 같이 파워 플레이어에 대비한 계획을 수립했다면 결과에 대해서는 걱정하지 않아도 된다. 상대방이 하려고 하는 것이 무엇인지를 이해했다면 경기 계획을 개발하고 이행하는 것이 더 쉽다는 것을 기억해야 한다. 그러므로 연습할 때 마다 이런 방법들을 적용한다면 승리는 더 빨리, 자주 다가올 것이다.

참 고 문 헌

삼호미디어(2000). 단식테니스. 삼호미디어.
삼호미디어(2003). 복식테니스. 삼호미디어.
테니스코리아(2002). 서비스 리턴. 테니스코리아.
테니스코리아(2000). 초중급자를 위한 복식의 전술과 전략. 테니스코리아.
테니스코리아(2003). 발리. 테니스코리아.
테니스코리아(2002). 테이크 백. 테니스코리아.
테니스코리아(2002). 서비스 리턴. 테니스코리아.
테니스코리아(2003). 서브. 테니스코리아.
테니스코리아(2003). 백핸드. 테니스코리아.
테니스코리아(2003). 포핸드. 테니스코리아.
테니스코리아(2004). 복식의 전술과 전략. 테니스코리아.
최세원(2010.2). 여러 가지 톱스핀 포핸드 스트로크의 기술들 앵글샷. 테니스코리아, 98-103.
Bollettieri, N.(2001). Bollettieri's Tennis Handbook. Human Kinetics.
Bollettieri, N.(2005). Mental Training for Peak Performance: Top Athletes Reveal the Mind Exercises They Use to Excel. Human Kinetics.
Braden, V. & Bruns, B.(2000). Tennis 2000: Strokes, Strategy and Psychology for a Lifetime, 2nd ed. Little, Brown and Company. 정모 옮김(2000). 테니스 2000. 도서출판 피어슨 에듀케이션 코리아.
Carr, G(1997). Mechanics for sport. Human kinetics. 주명덕, 이기청 옮

김(2002). 운동역학. 대한미디어.

Courier, J(1996). Tennis Tactics: Winning Patterns of Play. Human Kinetics.

Hoskins, T(2003). The Tennis Drill Book: 245 Drills for Techniques, Conditioning, and Match Tactics. Human Kinetics.

Roetert, P. & Groppel, J.(2001). World-Class tennis technique. Human Kinetics. 조국래 옮김(2004). 챔피언 테니스. 도서출판 대한미디어.

The united states tennis association(1998). Complete conditioning for tennis. Human kinetics. 오봉석, 조영제 옮김(2004). 미국테니스협회의 테니스 부상 예방법과 전문훈련법. 대한미디어.

The united states tennis association(1996). Tennis Tactics: Winning Patterns of Play. Human kinetics.

Sadzeck, T(2001). Tennis Skills: The Player's Guide. Firefly Books.

파워 테니스

인 쇄 | 2010년 8월 23일
발 행 | 2010년 8월 25일

지은이 | 최 대 우
발행인 | 박 상 규
발행처 | **도서출판 보성**

주 소 | 대전광역시 동구 삼성2동 318-31
전 화 | (042) 673-1511
팩 스 | (042) 635-1511
등록번호 | 61호
ISBN 978-89-6236-049-3 03690

정가 12,000원